中央社会主义学院教材编审委员会

主　任：吉　林

副主任：张天昱　袁　莎　徐永全　徐绍刚

委　员（按姓氏笔画排序）：

　　　　王　珍　王江燕　王金鑫　王建均　王彩玲

　　　　左　鹏　田琳琳　孙克庄　杜玉芳　邱永文

　　　　何霜梅　张　强　孟姗娜　赵　霞　赵世亮

　　　　夏国林　徐　锋　翁贺凯　郭伦德　崔　明

"马克思主义中国化与统一战线"丛书

XINSHIDAI RENMINZHENGXIE DE
LILUN YU SHIJIAN

新时代人民政协的理论与实践

王江燕 著

华文出版社
SINO-CULTURE PRESS

图书在版编目（CIP）数据

新时代人民政协的理论与实践 / 王江燕著. —— 北京：华文出版社，2024.5
ISBN 978-7-5075-5931-6

Ⅰ. ①新… Ⅱ. ①王… Ⅲ. ①中国人民政治协商会议－研究 Ⅳ. ①D627

中国国家版本馆CIP数据核字(2024)第014135号

新时代人民政协的理论与实践

作　　者：	王江燕
责任编辑：	方昊飞
责任印制：	刘力新
出版发行：	华文出版社
地　　址：	北京市西城区广安门外大街305号8区2号楼
邮政编码：	100055
网　　址：	http://www.hwcbs.cn
电　　话：	责任编辑 010-58336265　总 编 室 010-58336239
	发 行 部 010-58336202
经　　销：	新华书店
印　　刷：	三河市航远印刷有限公司
开　　本：	710mm×1000mm　1/16
印　　张：	11.75
字　　数：	160千字
版　　次：	2024年5月第1版
印　　次：	2024年5月第1次印刷
标准书号：	ISBN 978-7-5075-5931-6
定　　价：	45.00元

版权所有，侵权必究

目录

前言　人民政协的时代之变与时代之问 ········· 1

第一章　人民政协的光辉历程及历史贡献 ········· 9

　　第一节　人民政协的光辉历程 ············· 10
　　　　一、人民政协制度的创建 ············· 10
　　　　二、人民政协制度的巩固和完善 ········· 15
　　　　三、人民政协制度的成熟定型 ··········· 19

　　第二节　人民政协的历史贡献 ············· 24
　　　　一、在新中国建立中发挥重要作用 ········· 24
　　　　二、服务社会主义革命和建设 ··········· 29
　　　　三、服务改革开放 ················ 33
　　　　四、服务民族复兴伟业 ·············· 35

第二章 人民政协的理论基础 ………… 40

第一节 人民政协与统一战线 ………… 41
一、统一战线与马克思主义中国化 ………… 41
二、有广泛代表性的统一战线组织 ………… 45
三、新时代的统一战线 ………… 48

第二节 人民政协与政党制度 ………… 51
一、中国新型政党制度的形成 ………… 52
二、新型政党制度的政治形式和组织形式 ………… 55
三、充分发挥各民主党派在人民政协中的作用 ………… 58

第三节 人民政协与民主政治 ………… 60
一、中国民主道路选择 ………… 61
二、人民民主的重要实现形式 ………… 64
三、行得通、很管用的"中国式民主" ………… 68

第三章 发挥人民政协专门协商机构作用 ………… 73

第一节 社会主义协商民主与人民政协 ………… 74
一、社会主义协商民主的制度设计 ………… 74
二、专门协商机构 ………… 79
三、专门协商机构的独特优势 ………… 82

第二节 人民政协性质定位的综合承载 ………… 86
一、人民政协性质定位的历史演变 ………… 86
二、专门协商机构凸显中国特色制度安排 ………… 90
三、专门协商机构在国家治理体系中的重要作用 ………… 95

第三节 推进专门协商机构制度建设 ································· 98
一、完善协商内容 ································· 98
二、丰富协商形式 ································· 100
三、健全协商规则 ································· 102
四、培育协商文化 ································· 105
五、提高协商能力 ································· 106

第四章 广泛凝聚共识 ································· 109

第一节 广泛凝聚共识是人民政协履职的中心环节 ················ 109
一、加强思想政治引领、广泛凝聚共识是人民政协的历史经验 110
二、广泛凝聚共识的时代内涵 ································· 113
三、广泛凝聚共识的具体要求 ································· 117

第二节 广泛凝聚共识的具体路径 ································· 120
一、以政治协商民主程序凝聚共识 ································· 120
二、以民主监督制度运行凝聚共识 ································· 124
三、以参政议政有效工作凝聚共识 ································· 127

第五章 强化政协委员的责任担当 ································· 134

第一节 政协委员的产生机制、责任担当和履行职能 ············ 135
一、政协委员由协商程序郑重产生 ································· 135
二、政协委员的责任担当与履职保障 ································· 138
三、政协委员的履职途径和方式 ································· 143

第二节 提高政协委员履职能力 ································· 147
一、政治把握能力 ································· 147

3

二、调查研究能力 ……………………………………… 150
三、联系群众能力 ……………………………………… 153
四、合作共事能力 ……………………………………… 155

第六章　加强党对人民政协工作的领导 ……………… 160

第一节　新时代加强党对人民政协领导的重大意义 ……… 161
一、中国共产党领导是中国特色社会主义最本质的特征 …… 161
二、人民政协事业是党所领导的伟大社会革命的组成部分 … 165
三、加强党的领导是人民政协事业发展进步的根本保证 …… 168

第二节　新时代加强党对人民政协工作领导的现实举措 ……… 169
一、坚持和加强党对人民政协的领导 ……………………… 170
二、发挥政协党组在政协组织中的领导作用 ……………… 172
三、发挥党员委员先锋模范作用 …………………………… 174

主要参考文献 ………………………………………………… 179

前　言

人民政协的时代之变与时代之问

　　人文学科在研究一个对象时，总是不免要对这个对象发出亘古不变的"灵魂追问"，那就是："是什么？""干什么？""为什么？"当我们提出"新时代人民政协"这个命题时，同样要回到事物的根源，思索人民政协的"前世今生"。

　　很显然，中国人民政治协商会议，即人民政协是具有典型当代中国标识的政治组织。在这之前数千年浩瀚的中国历史长河中还没有出现这样的制度，近代中国所孜孜以求的西方国家制度体系中也不存在这样的组织。为什么中国共产党领导中国的民族民主革命成功后，创立并长期发展完善了人民政协这样一个组织？人民政协的具体工作是什么？发挥什么作用？在当代中国的政治制度体系中，如何来考量人民政协的"投入"与"产出"？这些问题随着历史的发展，随着中国特色社会主义内涵的不断丰富，显然有着与时俱进的时代特征。

　　回答人民政协"是什么"，首先要强调的就是"统一战线的组织"，这是人民政协属性的首要标识。统一战线作为中国共产党领导中国革命成功的"三大法宝"之首，是中国共产党从创立初始所主张的"纯而又纯"导致失败到团结联合不同阶级阶层走向不断胜利的关键，人民政协就是这一"法宝"的制度总结。革命战争需要统一战线，那么中华人民共和国成立之后，建设社会主义、发展社会主义，还需不需要统一战线？需要什么样的统一战线？这关系到人民政协的存继发展，不同时期的共产党人对这些问题进行了不懈地探索和回答。2015年，习近平总书记在中央统战工作会议中指出："我们党所处的历史方位、所面临的内外形势、所肩负的使命任务发生了重大变化。越是变化大，越是要把统一战线发展好、把统战工作开展好。"[①]中国特色社会主义进入了新时代，凝聚中华民族伟大复兴力量和智慧需要更加广泛的统一战线。新时代统一战线不仅没有过时，而且任务越来越重，成为实现中华民族伟大复兴的重要法宝。

在2022年7月召开的中央统战工作会议上，习近平总书记强调："现在，统一战线面临的时和势、肩负的使命和任务发生了某些重大变化。世界百年未有之大变局加速演进，统一战线在维护国家主权、安全、发展利益上的作用更加重要。全面建设社会主义现代化国家、实现中华民族伟大复兴，统一战线在围绕中心、服务大局上的作用更加重要。我国社会结构发生深刻变化，统一战线在增强党的阶级基础、扩大党的群众基础上的作用更加重要。"[②]伴随百年未有之大变局和世纪疫情的交织影响，世界范围内两条道路、两种制度和意识形态较量日趋激烈，这三个"更加重要"深刻揭示了新征程中爱国统一战线的时代特征和在促进中华儿女大团结中的历史责任。

从中国悠久的历史来看，中国人既有"和而不同"的思想传承，也有朋党相争的历史教训。在对西方文明进行充分吸收和借鉴的基础上，我们选择了马克思主义、社会主义，并依据中国的社会现实，不断实现马克思主义的中国化和社会主义的中国特色。在自主地选择、建构国家制度时，通过人民政协组织的创立，中国式民主、新型政党制度得以超越传统的政党与政党关系，再造了一种融汇传统智慧与现代本质的新型民主形式。在纷繁复杂的国际局势中，中国坚持"做自己"，先后摆脱了苏联政

---

① 中共中央文献研究室编：《十八大以来重要文献选编》（中），中央文献出版社2016年版，第557页。

② 《促进海内外中华儿女团结奋斗 为中华民族伟大复兴汇聚伟力》，《人民日报》2022年7月31日，第1版。

党政治模式的弊端和改革开放以来美国等国家强势民主话语体系对中国的影响，探索出了自己的道路和理论模式，赋予中国民主政治和发展道路独有的精神特质。人民政协制度正是这一道路、这一民主形式的经典呈现。就统一战线组织来讲，原东欧社会主义国家以及现在的一些社会主义国家也有统一战线组织，但是我们国家人民政协的独特性在于，它不仅仅要把统一战线各方面力量组织起来，而且要团结起来、凝心聚力为国家发展贡献力量。因此，人民政协要成为政治参与的重要渠道、民主运转的必要过程和国家治理不可或缺的组成部分，凸显中国协商民主"我有你没有，我能你不能"的独特优势。因此，认识人民政协，一个是统一战线，一个是人民民主。人民政协的工作主题是团结与民主。这个民主是深刻体现当代中国人民民主追求的成果，是中华民族"和而不同""兼容并包"精神的产物，是超越党派、宗教、民族、阶层纷争的，致力于包容合作的制度集成，内含着对"人民"这一概念的辩证认知和民主真谛的不懈追求。作为一个具有典型意义的本土政治制度，人民政协是统一战线理论与社会主义民主政治的成功结合和杰出创造，它的存在和运行成为中国特色政治发展道路的独特景观和重要构成。中国在现代化进程中能够实现经济高速发展和政治长期稳定的奇迹，当然与中国独特的政治制度包括人民政协息息相关。"然而到目前为止，其在这一视阈的经验与理论价值却远未得到应有的开发、总结和重视。"[1]中国的崛起是一种新的发展模式的崛起，也是一种独立的政治话语体系的崛起。人民政协在中国构建现代国家的进程中扮演了重要角色，见证了民族——国家的确立和民主——国家的成长，是观察中国式现代化的一项重要制度标本，是中国独立的政治话语体系中"中国智慧"和"中国模式"的典型体现。

"一个民族想要站在科学的最高峰，就一刻也不能没有理论思维。"[2]中国共产党是善于运用马克思主义理论武装自己并高度重视理论建设的现

---

[1] 胡筱秀：《人民政协制度功能变迁研究》，上海人民出版社2010年版，第3页。
[2] 《马克思恩格斯选集》（第3卷），人民出版社1972年版，第467页。

代政党，理论联系实际、理论指导实践是我们党的看家本领。人民政协已经走过70多年的光辉岁月。70多年来，人民政协与中华人民共和国共同成长，在中华民族站起来、富起来、强起来的伟大飞跃中，谱写了波澜壮阔的历史篇章。回望历史，我们可以看到，致力于政协事业开创者、领航者的几代中国共产党人，以高度的历史自觉，薪火相传、持续接力，依据人民政协事业的现实需要，不断将马克思主义统一战线理论、政党理论和社会主义民主政治理论进行创造性转化和创新性发展，淬炼了中国特色制度安排的精神内核和自信底蕴，贡献了属于"中国智慧"的政治话语模式。党的十八大以来，随着党和国家事业发生历史性变革，中国特色社会主义进入新时代。以习近平同志为核心的党中央从党和国家事业发展全局的高度，就推进人民政协事业做出重大部署，阐明了新时代人民政协发展的一系列方向性、全局性、战略性问题，形成了习近平总书记关于加强和改进人民政协工作的重要思想，成为新时代人民政协工作发展创新的根本遵循。

新时代的人民政协，正处于当今世界"百年未有之大变局"和中华民族"强起来"的宏大背景中，势必要在"中国之治"中发挥更大的优势、在实现中华民族伟大复兴中贡献更多的智慧，这为认识新时代的人民政协"是什么"提供了时代前提。2013年，中共十八届三中全会提出推进国家治理体系和治理能力现代化的全面深化改革总目标。2014年，习近平总书记在庆祝中国人民政治协商会议上成立65周年大会上的讲话中指出："人民政协是国家治理体系的重要组成部分。"这是从党中央层面第一次明确把"人民政协"同"国家治理"联系起来，第一次从国家治理体系和治理能力现代化的高度赋予人民政协新的使命。同时，习近平总书记在这次重要讲话中系统阐述了社会主义协商民主的思想，明确提出人民政协是具有鲜明中国特色的制度安排。"坚持发挥人民政协在发展协商民主中的重要作用。人民政协以宪法、政协章程和相关政策为依据，以中国共产党领导的多党合作和政治协商制度为保障，集协商、监督、参与、合作于一体,是社会主义协商民主的重要渠道。人民政协要发挥作为专门协商机构的作用,把协商民主贯穿履行职能全过程。"①2019年9月20日,在中央政协工作会议暨庆祝中国人民政治协商会议成立70周年大会上的讲话中,习近平总书记再一次阐明了人民政协的性质:"人民政协作为统一战线的组织、多党合作和政治协商的机构、人民民主的重要实现形式,是社会主义协商民主的重要渠道和专门协商机构,是国家治理体系的重要组成部分,是具有中国特色的制度安排。"②为进一步深刻认识新时代人民政协的制度定位提供了科学理论指导。2022年10月16日,中国共产党第二十次全国代表大会召开。党的二十大报告从发展全过程人民民主、保障人民当家作主的战略高度,对发挥人民政协作为专门协商机构作用提出明确要求,对未来人民政协工作做出新的部署。习近平总书记在报告中强调:"坚持和完善中国共产党领导的多党合作和政治协商制度,坚持党的领导、统一战线、协商民主有机结合,坚持发扬民主和增进团结相互贯通、建言资政和凝聚共识双向发力,发挥人民政协作为专门协商机构作用,加强制度化、规范化、程序化等功能建设,提高深度协商互动、意见充分表达、广泛凝聚共识水平,完善人民政协民主监督和委员联系界别群众制度机制。"③这些重要论述,对于更好发挥人民政协在发展全过程人民民主中的作用、深刻把握新时代新征程人民政协的使命任务、不断凝聚起海内外中华儿女团结奋斗的强大力量具有重要意义。

在这些创新性理论指导下,新时代人民政协"干什么"目标日益清晰。整体来看,中国特色社会主义制度体系是一个大系统,人民政协通过社会主义协商民主中的专门协商机构的运行嵌入国家治理的具体环节,与

---

① 习近平:《在庆祝中国人民政治协商会议成立65周年大会上的讲话》,《人民日报》2014年9月22日,第2版。
② 习近平:《在中央政协工作会议暨庆祝中国人民政治协商会议成立70周年大会上的讲话》,《中国政协》2019年第18期。
③ 习近平:《高举中国特色社会主义伟大旗帜 为全面建设社会主义现代化国家而团结奋斗——在中国共产党第二十次全国代表大会上的报告(2022年10月16日)》,人民出版社2022年版,第38—39页。

党的领导、人大的立法决策、政府的贯彻实施环环相扣，从而凝聚共识、建言资政、提供决策支持，成为政治制度运行中一个必不可少的要素。党的十九届四中全会专题研究"坚持和完善中国特色社会主义制度、推进国家治理体系和治理能力现代化"，并通过了《中共中央关于坚持和完善中国特色社会主义制度、推进国家治理体系和治理能力现代化若干重大问题的决定》（以下简称《决定》）。在《决定》中，中共中央对人民政协工作高度概括，即："发挥人民政协作为政治组织和民主形式的效能，提高政治协商、民主监督、参政议政水平，更好凝聚共识。完善人民政协专门协商机构制度，丰富协商形式，健全协商规则，优化界别设置，健全发扬民主和增进团结相互贯通、建言资政和凝聚共识双向发力的程序机制。"从中国特色社会主义制度整体来看，人民政协要把握新时代新使命，以强化统一战线组织功能汇聚实现中华民族伟大复兴中国梦，以推动人民政协制度更加成熟更加定型彰显中国特色社会主义制度的优越性和先进性，以发挥专门协商机构在国家治理体系中的重要作用彰显社会主义协商民主的独特优势，为实现新时代党的历史使命凝心聚力。统一战线组织功能要求人民政协要坚持大团结大联合，坚持一致性和多样性的统一，不断巩固共同思想政治基础，加强思想政治引领，广泛凝聚共识，努力寻求最大公约数、画出最大同心圆，汇聚起实现民族复兴的磅礴力量；推动人民政协制度更加成熟、更加定型，要凸显人民政协在国家制度体系中的中国特色，体现中国道路、中国智慧的比较优势；发挥专门协商机构在国家治理体系中的重要作用，赋予了新时代人民政协作为具有中国特色制度安排的具体内涵，体现了"中国式民主"的时代魅力。

新时代人民政协工作"怎么干"？习近平总书记在庆祝中国人民政治协商会议成立65周年大会上的讲话中指出："人民政协是国家治理体系的重要组成部分，要适应全面深化改革的要求，以改革思维、创新理念、务实举措大力推进履职能力建设，努力在推进国家治理体系和治理能力现代化中发挥更大作用。"①党的十八大以来,人民政协深入学习贯彻习近平新时代中国特色社会主义思想,坚持团结和民主两大主题,围绕中心、服务大局,把坚持和发展中国特色社会主义作为巩固共同思想政治基础的主轴,完善协商议政格局,强化民主监督职能,拓展团结联谊工作,加强履职能力建设,推动人民政协事业在继承中发展、在发展中创新。尤其是以"提质""增效"作为全面深化改革的方向,认真落实中共中央关于政协协商民主建设重大改革举措,进一步完善以全体会议为龙头,以专题议政性常委会议和专题协商会为重点,以双周协商座谈会、对口协商会、提案办理协商会等为常态的协商议政格局,展开了社会主义协商民主在人民政协中的生动实践。

党的十九大召开后,人民政协深入贯彻习近平总书记关于加强和改进人民政协工作的重要思想,对政协工作进行全方位的研讨和推进。全面加强政协系统党的领导,认真落实中办印发的《关于加强新时代人民政协党的建设工作的若干意见》,以党的建设引领政协自身发展。加强和改进人民政协的各项具体工作,建章立制,健全以协商工作规则为主干,覆盖人民政协履职工作、组织管理、内部运行等各方面的制度机制。制定加强和改进凝聚共识工作的意见、强化政协委员责任担当的意见,健全发挥新型政党制度优势的机制,完善专门委员会工作制度,修订专门委员会通则,等等。2019年9月20日,中共中央召开了党的历史上同时也是人民政协历史上第一次中央政协工作会议,习近平总书记在会上发表重要讲话,并颁布了《中共中央关于新时代加强和改进人民政协工作的意见》,成为新时代人民政协工作的指导性文件。

党的二十大报告强调人民政协要"坚持党的领导、统一战线、协商民主有机结合",党的领导是中国特色社会主义最本质的特征,统一战线是团结海内外全体中华儿女、实现中华民族伟大复兴的重要法宝,协商民

---

① 习近平:《在庆祝中国人民政治协商会议成立65周年大会上的讲话》,《人民日报》2014年9月22日,第2版。

主是中国社会主义民主政治中独特的、独有的、独到的民主形式。作为实现三者有机结合的制度设计和有效载体，人民政协要切实发挥作为党领导的统一战线组织平台作用，在协商中促进广泛团结、推进多党合作、实践全过程人民民主。深入学习贯彻中共二十大精神，需要人民政协紧紧围绕中心服务大局，务实有效深化专门协商机构建设，凝心聚力共襄民族复兴历史伟业，与时俱进推进人民政协实践创新、理论创新、制度创新，不断厚植党执政的群众基础，加强中华儿女大团结，形成同心共圆中国梦的强大合力。

"两岸猿声啼不住，轻舟已过万重山。"当我们回望中国传统、中国道路、中国现代化、中国制度时，能够体会到老一辈革命家开创人民政协制度的初心，发现中国特色社会主义政治发展道路的客观规律与内在规定性。中国道路是在一片质疑声中探索出来的，克服了无数的挑战与唱衰。在"中国奇迹"的产生过程中，人们已经见证和正在见证西方关于社会主义中国"历史终结论"的终结、"中国崩溃论"的崩溃、"社会主义失败论"的失败。而在中国特色社会主义的发展奇迹中，人民政协从未缺席。新时代人民政协理论的创新和实践工作的推进使我们更加自信，人民政协必将在坚持和完善中国特色社会主义制度、推进国家治理体系和治理能力现代化的全力推动下，展现中国特色制度安排的持久魅力和独特优势。

第 一 章

人民政协的光辉历程及历史贡献

  1949 年中华人民共和国的成立，开启了拥有 5000 年文明的中华民族历史新纪元。"中国人民政治协商会议第一届全体会议，代行全国人民代表大会职权，为新中国诞生作了全面准备。会议通过了具有临时宪法性质的中国人民政治协商会议共同纲领和中国人民政治协商会议组织法、中华人民共和国中央人民政府组织法，作出关于国都、国旗、国歌、纪年的决议，选举产生政协全国委员会和中央人民政府委员会。这也标志着人民政协制度正式确立。新中国成立后，人民政协为恢复和发展国民经济、巩固新生人民政权、完成社会主义革命、确立社会主义基本制度、推进社会主义建设作出了积极贡献。"[①]1954 年，第一届全国人民代表大会召开后，人民政协继续在国家政治生活和社会生活中开展了卓有成效的工作。70 多年来，人民政协与中华人民共和国一道成长，在中华民族站起来、富起来、强起来的伟大飞跃中，人民政协也走过了不平凡的历程，为中国的社会主义革命、社会主义建设和改革开放做出了辉煌的贡献，谱写了壮丽辉煌的历史篇章。

---

① 习近平：《在中央政协工作会议暨庆祝中国人民政治协商会议成立 70 周年大会上的讲话》，《中国政协》2019 年第 18 期。

第一节　人民政协的光辉历程

人民政协的成立和发展，经历了从旧政协到新政协的合作创建、从代行全国人大职权到作为统一战线组织的探索发展、从统一战线组织到专门协商机构的巩固提升、从制度安排到国家治理体系重要组成部分的完善定型几个阶段。正如习近平总书记在庆祝中国人民政治协商会议成立65周年大会上的讲话中指出："人民政协植根于中国历史文化，产生于近代以后中国人民革命的伟大斗争，发展于中国特色社会主义光辉实践。"

一、人民政协制度的创建

"政治协商会议"作为党派合作的组织形式，是适应抗日战争胜利前后国共合作、和平建国的实践需要，国共两党在具体商谈过程中经过多次演变而逐步形成的。但是，"中国人民政治协商会议"最终被确定为人民民主统一战线的组织形式，则是共产党人根据当时的政治形势和中国革命发展的需要而确定下来的。仅就"政治协商会议"的名称来说，就"经历了国是会议——党派会议——政治会议——政治协商会议——新政协会议——中国人民政治协商会议，历时6年时间经历六次转变之后才最终被确定下来。"[①] 人民政协的创立充分体现了中国共产党领导新民主主义革命的制度成果和统一战线的政治智慧。

1945年抗日战争胜利后，共产党和国民党在重庆谈判时提出应迅速召开有各党各派和无党派人士代表参加的政治会议问题。经过双方代表多次交换意见，最终将会议名称定为政治协商会议。于是，政治协商会议即"旧政协"的名称及其任务便正式商定下来，并写进了《政府与中共代表会谈纪要》（"双十协定"）。按照协定规定，由国民政府召开政治协

---

① 虞崇胜，周理：《"政治协商会议"名称的六次转变》，《中共中央党校学报》2016年第6期。

会议，邀集各党派代表及社会贤达协商国是，讨论和平建国方案及召开国民大会各项问题。1946年1月10日，政治协商会议在重庆召开。参加这次会议的有中国共产党与中国国民党、中国青年党、中国民主同盟和无党派社会贤达五个方面的代表。同年11月，国民党撕毁政治协商会议决议，单方面宣布召开"国民大会"。这次政治协商会议，即我们常说的"旧政协"，只是一次临时性的会议，但它开启了中国共产党与其他党派合作的先河，为后来新政协的召开作了思想理论上的准备。

随着革命事业的发展，人民解放战争开始由战略防御转入纪念战略进攻，全国形势发生重大变化。1948年4月30日，中共中央发布《中共中央纪念"五一"劳动节口号》，全面阐述了中共关于政治、经济等方面的方针政策。提出"全国劳动人民团结起来，联合全国知识分子、自由资产阶级、各民主党派、社会贤达和其他爱国分子，巩固与扩大反对帝国主义、反对封建主义、反对官僚资本主义的统一战线，为着打倒蒋介石，建立新中国而共同奋斗"。在其中的第5条强调"各民主党派、各人民团体、各社会贤达迅速召开政治协商会议，讨论并实现召集人民代表大会，成立民主联合政府"。[①] 随后，毛泽东致信李济深、沈钧儒，对"五一口号"进行了具体阐释，对当前形势做出判断，认为召开新政协，商量建立新中国的相关事项"业已成为必要，时机亦已成熟"。[②] 除此之外，中共中央就关于邀请各民主党派代表协商召开新政协问题，向上海和香港分局做出了进一步指示，并诚挚邀请其来解放区进行协商讨论。"五一口号"得到了民主党派、无党派民主人士的热烈拥护和广泛响应，民主党派、无党派民主人士纷纷发表宣言、通电和谈话，接受北上邀请，奔赴解放区，与中国共产党共商建国大计。这是我国多党合作和统一战线史上具有里程碑意义的事件，揭开了中国共产党同各党派、

---

① 政协全国委员会办公厅编：《开国盛典：中华人民共和国诞生重要文献资料汇编》（上），中国文史出版社2009年版，第9页。

② 政协全国委员会办公厅编：《开国盛典：中华人民共和国诞生重要文献资料汇编》（上），中国文史出版社2009年版，第102页。

各团体、各族各界人士协商建国的序幕,奠定了中国共产党领导的多党合作和政治协商制度的基础。

按照最初的打算和原定的计划,中共中央考虑政治协商会议在哈尔滨召开,而且是小规模与临时性的,只是召集人民代表大会的前奏,然后由人民代表大会选举产生中央人民政府。但随着解放战争的迅速发展,政治协商会议决定在北平(今北京)举行。1949年6月11日,各民主党派、无党派民主人士齐聚北平,在中南海举行了新政治协商会议筹备会预备会议,商定参加新政协筹备会的单位为23个,共134人,并协商确定筹备会常务委员会人选。6月15日至19日,新政治协商会议筹备会第一次全体会议在北平中南海勤政殿召开,参加会议的有中国共产党和各民主党派、无党派人士和各人民团体等23个单位的代表共134人。毛泽东在开幕式上发表讲话,指出筹备会的任务是"完成各项必要的准备工作,迅速召开新的政治协商会议,成立民主联合政府,以便领导全国人民,以最快的速度肃清国民党反动派的残余力量,统一全中国,有系统地和有步骤地在全国范围内进行政治的、经济的、文化的和国防的建设工作"。[①] 会议一致通过《新政协筹备会组织条例》,选举出筹备会常务委员会,在常务委员会下设6个小组,分别负责拟定参加新政协会议的单位及其代表名额,起草新政治协商会议组织条例,起草新政治协商会议共同纲领,起草中华人民共和国政府方案,起草新政治协商会议第一届全体会议宣言,拟定国旗、国徽、国歌等,全面展开了筹建新中国的工作。

为了同中华人民共和国将长期实行多个政党合作的任务相适应,新政协筹备会认真考虑并充分协商了建立经常性的合作组织问题。周恩来在人民政协第一届全体会议召开前向代表做报告时指出:"中国人民政治协商会议是一个包含了工人阶级、农民阶级、城市小资产阶级、民族资产阶级和一切爱国民主人士的统一战线组织。既然是这样一个组织,就不应该

---

① 中国人民政治协商会议全国委员会研究室,中共中央文献研究室第四编研部编:《老一代革命家论人民政协》,中央文献出版社1997年版,第1页。

开一次会议就结束，而应该长期存在。"①他说："毛主席说过全体会议闭幕后要有一个经常的组织。既然是统一战线，名称要固定一下……这曾经和第二小组商量过，就是中国人民政治协商会议这个名称。"②他同时指出："从五四运动以来，中国有了共产党，有了第一次国共合作，有了大革命运动，经过了四个革命阶段即北伐战争、土地革命、八年抗战和最近三年来的人民解放战争，才形成今天中国人民政治协商会议这样的组织。可以说这是一百多年来民族民主革命运动牺牲奋斗的果实，也可以说是三十年来新民主主义革命运动获得胜利的集中表现。假如没有一百多年来革命运动的历史积累，尤其是三十多年来的新民主主义革命运动，便不可能有今天这样济济一堂的政治协商会议。所以，这个会议可以说是新民主主义运动的一次总结。"③在筹备政协会议的讨论中，大家一致认为在整个新民主主义时期，这样一个统一战线应当继续下去，而且需要在组织上形成起来，以推动它的发展。

1949年9月21日至30日，中国人民政治协商会议第一届全体会议在北平隆重召开，标志着人民政协制度的正式诞生。出席会议的有党派代表、区域代表、人民解放军、人民团体等45个单位的代表（含候补代表）及特别邀请人士，共662人。会议具有广泛的代表性：代表包括了工人、农民、民族资产阶级、小资产阶级的成分；代表的年龄，既有92岁的老人，也有21岁的青年；从信仰上看，既有大量的无神论者，也有宗教界人士；从民族和区域看，既有汉族和各少数民族的代表，也有海外归来的侨领。毛泽东同志在开幕词中指出，"诸位代表先生们，我们有一个共同的感觉，这就是我们的工作将写在人类的历史上，它将表明：占人类总数四分之一的中国人从此站立起来了。"④中国共产党代表刘少奇、特邀代表

---

① 宜昌市政协研究室编：《政协工作文件资料选编》，宜昌市政研究室2002年版，第222页。
② 宜昌市政协研究室编：《政协工作文件资料选编》，宜昌市政研究室2002年版，第52页。
③ 中国人民政治协商会议全国委员会研究室，中共中央文献研究室第四编研部编：《老一代革命家论人民政协》，中央文献出版社1997年版，第51页。
④ 中共中央文献研究室编：《中华人民共和国开国文选》，中央文献出版社1999年版，第293页。

宋庆龄、中国国民党革命委员会代表何香凝、中国民主同盟代表张澜等人相继发表讲话,共同表达了对新中国光明前景的坚定信念。林伯渠、谭平山、董必武、周恩来等分别就人民政协的筹备工作,《中国人民政治协商会议组织法》《中华人民共和国中央人民政府组织法》的拟定过程、基本内容以及《中国人民政治协商会议共同纲领》(以下简称《共同纲领》)草案的相关特点等作了解释。

《共同纲领》以及《中国人民政治协商会议组织法》对人民政协组成人员的构成与产生方式、全体会议的召开与职权、全国委员会与地方委员会的设立等方面都作了具体的规定,人民政协作为一个经常性组织和机构的定位从成立时就确立下来。在《共同纲领》中明确规定:"中国人民政治协商会议为人民民主统一战线的组织形式。"并进一步说明:"在普选的全国人民代表大会召开以前,由中国人民政治协商会议的全体会议执行全国人民代表大会的职权,制定中华人民共和国中央人民政府组织法,选举中华人民共和国中央人民政府委员会,并付之以行使国家权力的职权。在普选的全国人民代表大会召开以后,中国人民政治协商会议得就有关国家建设事业的根本大计及其他重要措施,向全国人民代表大会或中央人民政府提出建议案。"①

依据《中国人民政治协商会议组织法》,人民政协在组织形式上分为全体会议、全国委员会和常务委员会。人民政协全体会议行使了人民代表大会的权力,选举出了中央人民政府。中国人民政治协商会议第一届全体会议闭幕后,成立了中国人民政治协商会议全国委员会,在1949年10月9日开会确定了180名全国委员。这个委员会是统一战线组织,不代行人大职权。1954年,第一届人民代表大会胜利召开,当时对于人民政协要不要继续存在,党内存在很大争议。1954年12月,在全国政协二届一次会议开幕前,毛泽东同志发表了《关于政协的性质和任务的谈话提纲》,指出人民政协作为统一战线组织存在的必要性和作用,对此后人民政协制

---

① 《中国人民政治协商会议共同纲领》,人民出版社1952年版,第5—6页。

度的建设起了方向性的作用。他强调,"人民代表大会是权力机关,有了人大,并不妨碍我们成立政协进行政治协商。各党派、各民族、各团体的领导人物一起来协商新中国的大事非常重要","人大的代表性当然很大,但它不能包括所有的方面,所以政协仍有存在的必要"。[①] 这篇谈话对于人民政协事业的长远发展具有十分重大的意义。

1954年年底,第二届中国人民政治协商会议第一次全体会议制定了《中国人民政治协商会议章程》,再次确认人民政协是统一战线组织的性质,并规定了人民政协功能复位后的作用、组织原则与工作方式。人民政协不仅是人民团体,而且是各党派的协商机关,是党派性的机关。人民政协作为统一战线组织继续存在,着重发展中国共产党与各民主党派以及其他民主人士之间的协商合作,在国家政治体制和政治生活中继续发挥重要作用。1957年颁布了《中国人民政治协商会议全国委员会地方工作委员会暂行组织简则》,1958年颁布了《政协全国委员会工作组组织简则》。在1965年颁布的《中国人民政治协商会议全国委员会工作组组织简则》中,政协全国委员会下设了国际问题、文化教育、科学技术、医药卫生、工商、民族、华侨、宗教、妇女九个工作组。此后,人民政协自身工作制度建设得到了不断推进,还形成了"两会"的制度惯例。1966年"文化大革命"开始后,根据周恩来的指示,全国政协和地方政协全部停止办公,人民政协工作陷于停顿。

二、人民政协制度的巩固和完善

1978年,中国共产党十一届三中全会后,开启了中国社会主义改革开放的新征程,党和国家的工作重点转移到社会主义现代化建设上来,人民政协也进入新的历史发展阶段。

1978年2月24日至3月8日,政协第五届全国委员会第一次会议召

---

① 中国人民政治协商会议全国委员会研究室、中共中央文献研究室第四编研部编:《老一代革命家论人民政协》,中央文献出版社1997年版,第183页。

开，邓小平同志出任第五届政协全国委员会的主席。在邓小平同志的主持之下，会议通过了人民政协的第二部章程，这是人民政协制度进行重建的良好开端，为我们党的指导思想在拨乱反正的基础上重建政协做出了历史性贡献。1979年6月，全国政协五届二次会议召开，邓小平同志在会议上致开幕词，他指出，在中华人民共和国和人民政协成立30年中，我国的社会阶级状况发生了根本的变化。工农联盟将在社会主义现代化建设的新的基础上更加巩固和发展；广大知识分子已经成为工人阶级的一部分；各兄弟民族已经结成了社会主义的团结友爱、互相合作的新型民族关系；资本家阶级中的绝大多数人已经改造成为社会主义社会中自食其力的劳动者；各民主党派已经成为各自所联系的一部分社会主义劳动者和一部分拥护社会主义的爱国者的政治联盟，是在中国共产党领导下为社会主义服务的政治力量；台湾同胞、港澳同胞和国外侨胞心向祖国，爱国主义觉悟不断提高。我国的统一战线已经成为工人阶级领导的、以工农联盟为基础的社会主义劳动者和拥护社会主义的爱国者的广泛联盟。统一战线的性质发生了重要的变化。新时期统一战线和人民政协的任务，就是要调动一切积极因素，努力化消极因素为积极因素，团结一切可以团结的力量，同心同德，群策群力，维护和发展安定团结的政治局面，为把我国建成现代化的社会主义强国而奋斗。同年9月，邓小平同志又进一步提出："新时期统一战线，可以称为社会主义劳动者和爱国者的联盟。爱国者的范围是很宽广的……是把一切能够联合的都联合起来，范围以宽为宜，宽有利，不是窄有利。"[1]根据邓小平同志这一思想，人民政协不断扩大团结面、增强包容性，在界别组成和委员构成方面进行了相应的调整，团结的范围比过去任何时候都更为广泛。

新时期统一战线的变化为人民政协工作开创新局面奠定了理论基础，人民政协不断成为发扬人民民主、联系各方面人民群众的一个重要组织。

---

[1] 中国人民政治协商会议全国委员会研究室，中共中央文献研究室第四编研部编：《老一代革命家论人民政协》，中央文献出版社1997年版，第321—322页。

在中国的社会主义现代化建设事业中,"继续需要政协就有关国家的大政方针、政治生活和四个现代化建设中的各项社会经济问题,进行协商、讨论,实行互相监督,发挥对宪法和法律实施的监督作用"[①],再次明确了政协的协商和监督职能。同时,邓小平同志重申了政协是统一战线组织而不是国家权力机关的思想,不要把政协搞成一个权力机构。

这一时期人民政协历史上另一个重要事件是:1982年12月4日通过的《中华人民共和国宪法》增加了关于人民政协的性质、地位和作用的规定。宪法序言中明确写道:"中国人民政治协商会议是有广泛代表性的统一战线组织,过去发挥了重要的历史作用,今后在国家政治生活、社会生活和对外友好活动中,在进行社会主义现代化建设、维护国家的统一和团结的斗争中,将进一步发挥它的重要作用。"自此,人民政协的存在发展、发挥作用有了国家根本法的保证,人民政协履职呈现新局面。

以江泽民同志为核心的党的第三代中央领导集体立足国内外形势的变化和建设中国特色社会主义的实践,把人民政协事业成功推向21世纪。这一时期人民政协工作得以不断发展和完善。1989年12月30日,中共中央颁布的《关于坚持和完善中国共产党领导的多党合作和政治协商制度的意见》明确规定:"人民政协是我国爱国统一战线组织,也是共产党领导的多党合作和政治协商的一种重要组织形式。人民政协应当成为各党派、各人民团体、各界代表人物团结合作、参政议政的重要场所。"[②]把中国人民政治协商会议定位为国家基本政治制度的核心组成,是社会主义民主政治在改革开放中的一个重要的发展。

1993年,第八届全国人大一次会议表决通过宪法修正案,"中国共产党领导的多党合作和政治协商制度将长期存在和发展"载入宪法,进一步推动了人民政协制度的发展。1995年,中共中央转发《政协全国委员会

---

① 《邓小平文选》第2卷,人民出版社1994年版,第187页。
② 政协全国委员会办公厅、中共中央文献研究室编:《人民政协重要文献选编》(中),中央文献出版社、中国文史出版社2009年版,第485页。

关于政治协商、民主监督、参政议政的规定》，规范和完善了人民政协的职能，提出"中国人民政治协商会议是中国人民爱国统一战线的组织，是中国共产党领导的多党合作和政治协商的重要机构，是我国政治生活中发扬社会主义民主的重要形式"的新定位，明确了人民政协政治协商、民主监督、参政议政三大主要职能，对人民政协如何履职进行了规定。善于运用人民政协这个多党合作和政治协商的组织形式，为实现党的总目标、总任务服务，使人民政协更好地成为中国共产党联系群众、团结各界、集思广益、了解社情民意的纽带，成为党同民主党派、党外各界人士协商问题、调整关系的一条重要渠道。

进入21世纪后，以胡锦涛为总书记的党中央领导集体注重从发展社会主义民主政治、建设社会主义政治文明的高度，对新阶段人民政协事业的发展做出了一系列重要部署，进一步发展了中国特色社会主义人民政协理论。2004年，在政协章程修正案中，党中央首次提出人民政协是国家政治生活中发扬社会主义民主的重要形式，凸显了人民政协所承担的发扬社会主义民主的重要功能。本次章程也对人民政协的三项职能进行了确认，要求认真搞好人民政协的政治协商、积极推进人民政协的民主监督、深入开展人民政协的参政议政职能；把政治协商纳入决策程序，完善民主监督机制，健全参政议政的各项工作制度。

2006年中共中央颁布的《关于加强人民政协工作的意见》，进一步明确了人民政协作为多党合作和政治协商重要机构的定位，提出选举民主与协商民主是我国社会主义民主的两种形式，再次强调了"人民政协是我国政治体制的重要组成部分，在我国政治生活中具有不可替代的作用"[①]。进一步明确了人民政协的地位和承担的职能，促进了政协履行职能的制度化、规范化和程序化建设，为人民政协事业的发展提供了理论基础、政策依据和制度保障。

---

① 中共中央文献研究室编：《十六大以来重要文献选编》（下），中央文献出版社2008年版，第260页。

三、人民政协制度的成熟定型

党的十八大以来,以习近平同志为核心的党中央高度重视人民政协事业,加强对人民政协工作的全面领导。着眼于推进人民政协制度更加成熟定型,党中央建立定期研究政协工作机制。中央政治局常委会每年召开专题会议,分别听取全国政协党组工作汇报、研究讨论政协年度协商计划、常委会工作报告、政协全体会议等重要事项;习近平总书记在庆祝人民政协成立65周年大会和中央政协工作会议暨庆祝中国人民政治协商会议成立70周年大会,以及历次全国"两会"党员负责人会、全国政协新年茶话会、政协全体会议委员联组会等会议上发表一系列重要讲话,科学回答了人民政协事业发展面临的一些方向性、全局性、战略性问题;中共中央和国务院先后出台一系列重要文件,如加强社会主义协商民主建设、加强人民政协协商民主建设、加强和改进人民政协民主监督工作、加强新时代人民政协党的建设、新时代加强和改进人民政协工作的意见等,对政协工作做出制度性安排、不断完善顶层设计,为做好新时代人民政协工作指明了前进方向,提供了根本遵循。

习近平总书记关于加强和改进人民政协工作的重要思想,凝结着对新时代人民政协使命任务、工作规律的深刻认识和把握,在继承的基础上对人民政协理论发展做出了原创性贡献:首次阐明人民政协是社会主义协商民主的重要渠道和专门协商机构;首次阐明人民政协是国家治理体系的重要组成部分,在推进国家治理体系和治理能力现代化中发挥更大作用;首次阐明人民政协是具有中国特色的制度安排,彰显中国特色社会主义制度的生命力;首次阐明多党合作和政治协商制度是伟大的政治创造,发挥人民政协作为实施新型政党制度重要平台的作用;首次阐明做好新形势下统战工作必须正确处理一致性和多样性关系;首次阐明人民政协要把加强思想政治引领、广泛凝聚共识作为履职工作的中心环节,加强各党派团体、各族各界人士大团结大联合。①这些理论创新，对于人民政协在党的领导下，坚持建言资政和凝聚共识双向发力，继承发扬"团结—批评—团结"等优良传统，推动各党派团体和各族各界人士实现思想上的共同进步，切实担负起把党中央的决策部署和对人民政协工作的要求落实下去、把海内外中华儿女实现中华民族伟大复兴中国梦的智慧和力量凝聚起来的政治责任，具有重要指导意义。

2018年3月15日，中国人民政治协商会议第十三届全国委员会第一次会议通过了《中国人民政治协商会议章程修正案》。新的政协章程最重大的成果，就是把习近平新时代中国特色社会主义思想确立为人民政协的指导思想，这充分体现了中共十九大提出的重要思想、重要观点、重大判断、重大举措，集中反映了参加人民政协的各党派团体和各族各界人士的共同意愿，对于打牢团结奋斗的共同思想政治基础，做好新时代人民政协工作，具有重大的现实意义和深远的历史意义。新的政协章程充实完善了人民政协的重要任务："按照中国特色社会主义事业'五位一体'总体布局和'四个全面'战略布局，维护和发展安定团结的政治局面，不断促进社会主义物质文明、政治文明、精神文明、社会文明、生态文明的协调发展，为实现'两个一百年'奋斗目标、实现中华民族伟大复兴的中国梦而奋斗"。②这些表述，有利于人民政协把握我国发展新的历史方位和社会主要矛盾变化，聚焦党和国家中心任务履职尽责，为决胜全面建成小康社会、开启全面建设社会主义现代化国家新征程做出新贡献。

新的政协章程在新时代人民政协性质定位中增写了"是国家治理体系的重要组成部分，是具有中国特色的制度安排"③。同时，在适当位置增写人民政协是实行中国共产党领导的多党合作和政治协商制度的重要政治形式和组织形式；人民政协是社会主义协商民主的重要渠道和专门协商机

---

① 张庆黎：《新时代人民政协工作的行动指南——学习习近平总书记关于加强和改进人民政协工作的重要思想》，《求是》2019年第5期。

② 《中国人民政治协商会议章程》，人民出版社2018年版，第14页。

③ 《中国人民政治协商会议章程》，人民出版社2018年版，第10—11页。

构；人民政协必须坚持中国共产党领导，坚持人民政协性质定位，坚持大团结大联合，坚持发扬社会主义民主等内容。充实这些内容，有利于人民政协准确把握性质定位、工作原则、目标任务，更好坚持和完善我国新型政党制度，充分发挥中国特色社会主义制度优势。

新时代人民政协制度成熟定型的重要举措就是党对人民政协领导的体制机制进一步健全完善。在专门委员会设立分党组，加强政协党组对机关党组和各专门委员会分党组的领导，从组织体系、制度机制上确保党中央集中统一领导在政协的贯彻落实。2018年，全国政协首次召开政协系统党的建设工作座谈会，以党的政治建设为统领，推进政协党的各项建设。学习贯彻中共中央办公厅印发的《关于加强新时代人民政协党的建设工作的若干意见》，提出建立党员委员参加双重组织生活制度等8项重点任务，成立全国政协党的建设工作领导小组，狠抓工作落实。认真贯彻新时代党的建设总要求，健全落实党对人民政协工作领导的组织体系和制度机制，进一步提升党的组织对政协工作的领导能力，为人民政协更好地担负起新时代使命任务提供了坚强保证。

新时代人民政协从提质增效出发，围绕加强人民政协履职的薄弱环节，改进不足之处，全面提高人民政协工作质量，推动政协工作从注重"做了什么""做了多少"向"做出了什么效果"转变。突出专门协商机构特色，发展好政协协商，构建全方位的协商民主规则体系；制定提高提案质量的意见，加大平时提案和集体提案征集力度、提案办理协商力度；完善各类协商议政活动，更加注重互动交流，更加注重营造协商氛围，更加注重协商实效；创建委员移动履职平台，开展网络议政远程协商；落实谈心谈话制度，以心交心、凝聚人心；制定提高协商议政质量、开展履职建言质量评价的制度文件。

新时代人民政协更加注重以改革创新精神加强自身建设，推动政协委员和政协机关两支队伍建设迈上新台阶。全国政协落实中共中央深化党和国家机构改革的决策部署，优化专委会设置，增设农业和农村委员会，更好地发挥专委会的基础性作用。以党的政治建设为统领,推进政协机关建设,优化干部队伍结构,结合重点工作强化实践锻炼,开展内部巡视和警示教育,驰而不息纠正"四风",努力建设高素质的政协干部队伍和模范政协机关。

政协委员是人民政协工作的主体,要按照中共十九大部署,加强委员队伍建设。因此,政协章程修正案在第二章组织总则后增加委员一章,共十条,对委员的条件、职责、权利、义务、产生、管理、退出等做出明确规范。这样的修改和完善符合各界的共识和新时代提升人民政协履职能力的需要,有利于建设一支懂政协、会协商、善议政和守纪律、讲规矩、重品行的政协委员队伍。在实际的委员工作中,人民政协尊重委员的主体地位,强化委员责任担当。通过加强组织和联络规范委员履职服务管理,建立委员履职档案,为全面提升政协委员履职积极性提供组织保障和激励机制。

2019年9月20日召开了人民政协历史上第一次中央政协工作会议。习近平总书记在中央政协工作会议暨庆祝中国人民政治协商会议成立70周年大会上的讲话,总结了人民政协70年的巨大成就和历史经验,安排部署新时代如何加强和改进人民政协工作。人民政协坚持自身性质定位,在统筹推进"五位一体"总体布局、协调推进"四个全面"战略布局,积极投身实现"两个一百年"奋斗目标、实现中华民族伟大复兴中国梦的伟大实践中不断做出更大的贡献。2019年10月7日,中共中央出台《关于新时代加强和改进人民政协工作的意见》,这是进入新时代以来,党中央专门就人民政协颁发的第一个文件,是指导新时代人民政协工作的纲领性文件,对人民政协事业发展具有重大而深远的意义。

新时代人民政协着力强化思想理论武装,认真贯彻中共中央决策部署,紧紧围绕统筹推进"五位一体"总体布局、协调推进"四个全面"战略布局,聚焦决胜全面建成小康社会、打好三大攻坚战等任务,加强专门协商机构建设,坚持发扬民主和增进团结相互贯通、建言资政和凝聚共识双向发力，完善专门协商机构制度，紧扣党和国家中心任务履职尽责，为党和国家事业发展做出重要贡献。

党的二十大开启了全面建设社会主义现代化国家的新征程，擘画了以中国式现代化全面推进中华民族伟大复兴的新蓝图，也为进一步推进人民政协事业发展提出了新的要求。2022年12月30日，习近平总书记在全国政协新年茶话会上发表重要讲话指出，实现中华民族伟大复兴的梦想，需要海内外中华儿女共同奋斗。他强调："新的一年里，人民政协要全面学习贯彻中共二十大精神，坚持党的领导、统一战线、协商民主有机结合，着力提高深度协商互动、意见充分表达、广泛凝聚共识水平，更好地为实现新时代新征程的目标任务汇聚智慧和力量。"① 为了更充分地体现马克思主义中国化时代化最新成果，同中共二十大通过的《中国共产党章程（修正案）》相衔接，体现中共十九大以来中共中央关于人民政协工作的新部署新要求和创新发展的重要成果，2023年3月11日，中国人民政治协商会议第十四届全国委员会第一次会议通过了《中国人民政治协商会议章程修正案》。这次政协章程的修改，对于坚持中国共产党的全面领导，坚持和完善中国共产党领导的多党合作和政治协商制度，践行全过程人民民主，巩固和发展最广泛的爱国统一战线，把人民政协制度坚持好、把人民政协事业发展好，具有重要意义。新修订的政协章程，坚持以习近平新时代中国特色社会主义思想为指导，贯彻落实中共二十大精神，充分体现中共二十大提出的重要思想、重要观点、重大战略、重大举措。在章程总纲中，增写了坚持中国共产党的全面领导，增强"四个意识"、坚定"四个自信"、做到"两个维护"，充实这些内容，反映了参加人民政协的各党派团体、各族各界人士的共同意愿，有利于更好把握人民政协这一制度安排和政治组织最本质的特征，深刻领悟"两个确立"的决定性意义，全面贯彻习近平新时代中国特色社会主义思想，进一步打牢共同思想政治基础，把坚持中国共产党的全面领导贯穿到政协全部工作之中，不忘初心、

---

① 《全国政协举行新年茶话会》，《光明日报》2022年12月31日，第1版。

牢记使命，切实担负起把以习近平同志为核心的中共中央决策部署和对人民政协工作要求落实下去、把海内外中华儿女智慧和力量凝聚起来的政治责任，为全面建设社会主义现代化国家、全面推进中华民族伟大复兴而团结奋斗。在工作总则中增写要把加强思想政治引领、广泛凝聚共识贯穿履职工作之中；将监督形式的重要议题列入年度协商计划。① 增加这些内容和表述，反映了人民政协在新征程上的新使命，有利于进一步强化思想理论武装，准确把握人民政协性质定位，紧扣党和国家中心任务履职尽责，在践行全过程人民民主、增进大团结大联合、推进国家治理体系和治理能力现代化中发挥积极作用。

第二节　人民政协的历史贡献

自中国人民政治协商会议成立至今，发挥团结和民主两大工作主题，为中华人民共和国的建立和建设、社会主义事业的发展都做出了重大历史性贡献。人民政协成立伊始，担负了建立中华人民共和国的历史使命；中华人民共和国成立初期，人民政协发挥统一组织优势协助人民政府工作，推动新民主主义向社会主义过渡；改革开放新时期，人民政协围绕中心、服务大局，为社会主义现代化建设做出重要贡献；中国特色社会主义进入新时代，人民政协在继承中发展、在发展中创新，不断彰显中国特色社会主义制度的特点和优势，在党和国家事业中发挥不可替代的作用，在实现中国梦的道路上汇聚磅礴力量。

一、在新中国建立中发挥重要作用

中国人民政治协商会议的历史，是以协商建立中华人民共和国而掀开第一页的。从国家政权建设形式上讲，"没有新政协就没有新中国"，

---

① 《全国政协办公厅负责人就〈中国人民政治协商会议章程修正案〉答记者问》，《人民日报》2023年3月19日，第4版。

协商建政书写了人民政协历史上浓墨重彩的首部篇章。

中国共产党在领导中国革命过程中形成了自己的建国主张。毛泽东在1940年发表的《新民主主义论》中认为，中国是半殖民地半封建国家，革命后建立的共和国必须是各革命阶级联合专政的共和国。"国体——各革命阶级联合专政。政体——民主集中制。这就是新民主主义的政治，这就是新民主主义的共和国，这就是抗日统一战线的共和国，这就是三大政策的新三民主义的共和国，这就是名副其实的中华民国。"[①]1945年4月，毛泽东在《论联合政府》中明确表明中国共产党的建国主张："建立一个以全国绝对大多数人民为基础而在工人阶级领导之下的统一战线的民主联盟的国家制度，我们把这样的国家制度称之为新民主主义的国家制度。"[②]1949年6月，毛泽东在《论人民民主专政》中指出："人民是什么？在中国，在现阶段，是工人阶级，农民阶级，城市小资产阶级和民族资产阶级。这些阶级在工人阶级和共产党的领导之下，团结起来，组成自己的国家，选举自己的政府。"[③]按照毛泽东的设想，新政协只是起到过渡作用，新中国还是要通过人民代表大会来建立政府。1948年9月8日，毛泽东在中共中央政治局会议上的报告中指出："人民民主专政的国家，是以人民代表会议产生的政府来代表它的。"[④]1948年10月初，新政协的筹备工作开始。

10月21日，东北局负责人高岗、李富春与在哈尔滨的民主人士沈钧儒、谭平山、章伯钧、蔡廷锴、王绍鏊、朱学范、高崇民在马迭尔宾馆举行第一次"新政协诸问题"座谈会。在座谈会上，章伯钧、蔡廷锴主张"新政协即等于临时人民代表会议，即可产生临时中央政府"。民主人士在这次座谈会上提出的意见和建议，中共中央都予以高度重视，或全部，

---

① 《毛泽东选集》第2卷，人民出版社1991年版，第677页。
② 《毛泽东选集》第3卷，人民出版社1991年版，第1056页。
③ 《毛泽东选集》第4卷，人民出版社1991年版，第1475页。
④ 《毛泽东文集》第5卷，人民出版社1996年版，第136页。

或部分，或有选择地予以采纳。1949年9月30日诞生的中央人民政府，就是采纳了章伯钧和蔡廷锴在这次会议上提出的建议，在不具备马上召开人民代表大会条件的情况下，从政治协商会议中直接选举产生的。①

1949年9月21日晚7时，肩负着协商创建新中国重任的中国人民政治协商会议第一届全体会议隆重开幕。这是一次具有划时代意义的历史性盛会。毛泽东指出："中国人民政治协商会议在自己的议程中将要制定中国人民政治协商会议的组织法，制定中华人民共和国中央人民政府的组织法，制定中国人民政治协商会议的共同纲领，选举中国人民政治协商会议的全国委员会，选举中华人民共和国中央人民政府委员会，制定中华人民共和国的国旗和国徽，决定中华人民共和国国都的所在地以及采取和世界大多数国家一样的年号。"②参加会议的各党派团体、民主人士，在充分的民主协商气氛中，讨论通过了《共同纲领》，作为中华人民共和国的建国纲领和临时宪法。《共同纲领》规定了中华人民共和国的国体即"中华人民共和国为新民主主义即人民民主主义的国家，实行工人阶级领导的、以工农联盟为基础的、团结各民主阶级和国内各民族的人民民主专政"；规定了中华人民共和国政体"中华人民共和国的国家政权属于人民。人民行使国家政权的机关为各级人民代表大会和各级人民政府。各级人民代表大会由人民用普选方法产生之。各级人民代表大会选举各级人民政府。各级人民代表大会闭会期间，各级人民政府为行使各级政权的机关。国家最高政权机关为全国人民代表大会。全国人民代表大会闭会期间，中央人民政府为行使国家政权的最高机关"。③构建了中华人民共和国的基本架构，并以此赋予了中央人民政府的合法性。《共同纲领》是一部新民主主义的建国纲领，也是一部人民的大宪章，对后来国家建设产生了深远影响。

---

① 李红梅，刘仰东：《人民政协诞生实录（下册）》，中国文史出版社2019年版，第301—304页。
② 中国人民政治协商会议全国委员会研究室，中共中央文献研究室第四编研部编：《老一代革命家论人民政协》，中央文献出版社1997年版，第61—62页。
③ 杨建新，古光树，袁廷华编著：《五星红旗从这里升起——中国人民政治协商会议诞生记事暨资料选编》，文史资料出版社1984年版，第481—482页。

中国人民政治协商会议第一届全体会议制定了《中华人民共和国中央人民政府组织法》，选举出了中央人民政府委员会；制定了《中国人民政治协商会议组织法》，选出了政协第一届全国委员会；确定了新中国的国都、国歌、国旗和纪年。会议决定新中国的名称为中华人民共和国，中华人民共和国定都北平，北平改名北京；中华人民共和国采用公元纪年；国歌未制定前以《义勇军进行曲》为代国歌；国旗为五星红旗，这些为中华人民共和国的成立进行了充分的准备。

在协商建立中华人民共和国的过程中，人民政协充分发挥出民主协商的功能。这一点在"中华人民共和国"这一国家名称的确定过程中得到鲜明的体现。在新政协筹备会召开之初，新中国名称问题成为各党派、无党派民主人士激烈讨论的一个焦点。大家各抒己见，从不同角度提出了不同的称号，比如，有的提出叫"中华人民民主国"，有的提出叫"民主主义人民国"，还有的提出叫"中华联邦民主国"等，不过意见相对集中于"中华人民民主共和国"这个名称。[①]在新政协筹备会起草各项文件的过程中，一些代表对这个原拟的国名"中华人民民主共和国"提出了不同的看法。无党派民主人士、清华大学教授张奚若说："因为'共和国'说明了我们的国体，'人民'两字在今天新民主主义的中国是指工人、农民、小资产阶级和民族资产阶级这四个阶级的人，它已有确定的解释，这已经把人民民主专政的意思表达了出来，不必再把'民主'二字重复一次了。"[②]新政治协商会议筹备会第四小组把关于国名的意见归纳了三种名称，留待政府组织法起草委员会去斟酌。在后来提交给政协第一届全体会议的文件中，国号即"中华人民共和国"之后带着一个括号，里面写着"简称'中华民国'"6个字。

1949年9月26日，周恩来邀请黄炎培、司徒美堂、何香凝、马寅

---

① 李庆英：《"中华人民共和国"名称考论——兼谈中国共产党人对新中国名称问题的探索过程》，《上海党史与党建》2019年第6期。

② 董伟：《诞生——共和国孕育的十个月》，东方出版社2019年版，第399页。

初、沈钧儒等二三十位政协代表于六国饭店商谈国号问题。① 最初，黄炎培、何香凝赞同保留简称。辛亥革命参加者、清朝进士周致祥，态度坚决地反对用简称，他说："什么'中华民国'，这是一个祸国殃民、群众对它毫无好感的名称。20多年来更是被蒋介石弄得不堪言状了。我主张就用'中华人民共和国'，表示此次人民革命和辛亥革命的性质各不相同。"紧接着，83岁的美洲侨领司徒美堂激动地说，"我是参加辛亥革命的人，我尊敬孙中山先生，但对于'中华民国'四个字，则绝无好感……我坚决反对什么简称，我坚决主张光明正大地用'中华人民共和国'的全称。"马寅初、张澜、陈叔通也赞成此议。法律专家沈钧儒从法律的角度对简称问题进行了解释。他说："堂堂的三大文件里加上简称'中华民国'的括号，这的确是法律上的一个大漏洞；不合法律观点，也万万不应如此。"于是，会上的态度成了一边倒，几乎都开始反对用"中华民国"这个简称。最后，由周恩来表示："我要把今天大家发表的意见综合送给大会主席团常委参考，并由主席团常委做出最后决定。"② 最后，参会代表又集中谈论了一次，最终确定的是不用"中华民国"这一简称，使用"中华人民共和国"作为新中国的国号。这不是一次改朝换代，而是一个新时代、新国家的开始。

会议选举产生了由180人组成的政协第一届全国委员会，选举产生了以毛泽东为中央人民政府主席，朱德、刘少奇、宋庆龄、李济深、张澜、高岗为副主席的由63人组成的中央人民政府委员会。政协第一届全体会议期间，郭沫若、李济深等44人联名提出了人民政协的第一件提案，即《请以大会名义急电联合国否认国民党反动政府代表案》。大会主席团常务委员会认为："中国人民政治协商会议所选举的中华人民共和国中央人

---

① 高小林，綦军编著：《解密开国大典》，中共党史出版社2004年出版，第99—102页。另据《黄炎培日记》（第十卷），华文出版社2008年版第282页记载："26日，午，周恩来、林伯渠邀聚六国饭店，会集征求人民政协文件中中华人民共和国一名词下应否去掉原稿简称中华民国一个括弧。"

② 余玮：《红色书笺背后的周恩来》，西苑出版社2012年版，第324—325页。

民政府为唯一能代表中国人民之政府,应由政府发出声明,否认伪国民党政府所派出席联合国会议所有代表的代表资格。"①这件提案的提出和实施在国内外产生了重大的政治影响。中华人民共和国的新政权逐步得到了越来越多国家的认可。

二、服务社会主义革命和建设

中华人民共和国成立后,政协第一届全国委员会依据《共同纲领》和《中国人民政治协商会议组织法》,认真履行自己的职能使命,卓有成效地开展各项工作,对团结、动员全国各族人民和一切爱国力量,巩固新生的人民民主政权,反对国内外敌人,恢复和发展国民经济,实行社会改革,发展人民民主统一战线,扩大国际交往等方面发挥了十分重要的作用。

中华人民共和国初期的人民政协,它的全体会议代行人民代表大会的职权,它的全国委员会便是同中央人民政府协议事情的机构。一切大政方针,都先要经过全国委员会协议,然后建议政府施行。毛泽东在全国政协一届二次会议闭幕词中指出:"我们的会议在暂时还是建议性质的会议。但是在实际上,我们在这种会议上所做的决定,中央人民政府是当然会采纳并见之实行的,是应当采纳并见之实行的。"②这个时期,中央人民政府通过的各项重要决策或法令都要经过政协会议协商,再提到政府委员会讨论通过并公布实行。例如,人民政协就稳定物价、调整资本主义工商业关系、抗美援朝、实施过渡时期总路线以及第一个五年计划等重大事项,以及土地改革法、婚姻法等法律法规草案进行广泛协商。

为了维护新生的中华人民共和国政权,人民政协同中央人民政府共同协商事关国家建设的重大决策事项。政协全国委员会及常务委员会主要

---

① 全国政协提案委员会编:《100件有影响力重要提案的故事》,中国文史出版社2020年版,第12页。

② 政协全国委员会办公厅、中共中央文献研究室编:《人民政协重要文献选编》(上),中央文献出版社、中国文史出版社2009年版,第36页。

协商讨论了中央人民政府关于稳定物价、对财政经济工作实行国家统一管理和统一领导、发行人民胜利折实公债等方案；中央人民政府关于调整工商业、调整税收等方案；以及有关土地改革、惩治反革命、抗美援朝、惩治贪污等方面的重要问题。比如，1950年6月，全国政协一届二次会议的中心议题是土地改革问题。在会议上，政协常委、中央人民政府副主席刘少奇作了《关于土地改革问题的报告》。章伯钧等委员提出了《建议民主党派参加土改工作案》，这是大会的第1号提案，由全国政协和各民主党派中央采纳并组织实施。《中华人民共和国土地改革法》颁布后，各民主党派立即发布了拥护、支持土地改革的指示、决议。在政协全国委员会的组织下，大批的民主党派和无党派民主人士参加或视察了土改工作。到1952年春季，仅北京和天津就有各界人士7000多人，包括大学教授、科学工作者、文艺界、工商界和宗教界等各方面人士参加。又比如，中共中央做出抗美援朝、保家卫国的决策后，及时通过人民政协同民主党派和无党派民主人士进行认真地协商，征求他们的意见，得到了党外人士的赞同。1950年11月4日，中国共产党、中国国民党革命委员会、中国民主同盟、民主建国会、中国人民政协无党派民主人士、中国民主促进会、中国农工民主党、中国致公党、九三学社、台湾民主自治同盟、中国新民主主义青年团等联合发表了《各民主党派联合宣言》，庄重宣告："中国各民主党派誓以全力拥护全国人民的正义要求，拥护全国人民在志愿基础上为着抗美援朝保家卫国的神圣任务而奋斗。"① 1950年11月27日，全国政协与各民主党派举行联席会议，并于同年12月1日发出《关于各民主党派、人民团体对慰劳中国人民志愿军和朝鲜人民军运动的协议的通知》。1951年2月16日，全国政协发出电文，号召把抗美援朝运动"进一步地普及和深入到每一农村、每一机关、每一学校、每一工厂、每一商店、每一街道和每一民族聚居的区域"②。同年4月初到5月中旬，由各民主党派、各

---

① 《各民主党派联合宣言》，《人民日报》1950年11月5日，第1版。
② 石建国：《中国共产党转危为机的方法论》，《人民论坛》2020年第9期。

人民团体和各界群众代表组成的中国人民赴朝慰问团分赴朝鲜各地，慰问中国人民志愿军和朝鲜人民军及群众。

中华人民共和国成立后陆续颁布了一系列法案，凡属对国家政治生活和社会生活影响较大的，都需要提交政协全国委员会或常务委员会协商同意，有些则向全国委员会的有关工作组征求意见，然后由中央人民政府委员会或政务院通过并公布施行，例如，《中华人民共和国土地改革法》《中华人民共和国婚姻法》《省各界人民代表会议组织通则》《市各界人民代表会议组织通则》《县各界人民代表会议组织通则》《中华人民共和国人民法院暂行组织条例》《中央人民政府最高人民检察署暂行组织条例》《各级地方人民检察署组织通则》等草案。比如，经过全国政协一届二次会议审议，对《中华人民共和国土地改革法（草案）》作了若干修改和补充，中央人民政府委员会通过，毛泽东主席签署命令，正式颁布《中华人民共和国土地改革法》。

这期间，人民政协还向中央人民政府提出一系列重要议案。政协第一届全国委员会期间共收到提案193件，为巩固新生的人民政权发挥了特殊而重要的作用。1949年10月9日，全国政协一届一次会议举行。这次会议产生了政协历史上的第一件建议案，即马叙伦委员提出的《请政府明定十月一日为中华人民共和国国庆日，以代替十月十日的旧国庆日》建议案。林伯渠委员发言附议，要求讨论决定。当天会议一致决议，通过该建议案，并送请中央人民政府采择施行。12月2日，中央人民政府委员会第四次会议便通过了《关于中华人民共和国国庆日的决议》。该决议明确："中央人民政府委员会认为中国人民政治协商会议第一届全国委员会的这个建议是符合历史实际和代表人民意志的，决定加以采纳。中央人民政府委员会兹宣告：自一九五〇年起，即以每年的十月一日，即中华人民共和国宣告成立的伟大日子，为中华人民共和国的国庆日。"[1]从此，每年的10

---

[1] 中共中央文献研究室编：《中华人民共和国开国文选》，中央文献出版社1999年版，第397页。

月1日成为中华人民共和国的"国庆日"。

人民政协第一届全国委员会还为召开第一届全国人民代表大会进行了大量的准备工作。在1954年宪法草案公布以前,1953年3月到8月,政协第一届全国委员会的政法、财经、文教、外交、民族、华侨、宗教七个工作组分别就各方面的大政方针在宪法中应作如何规定的问题进行了多次讨论。1954年3月,中共中央提出宪法草案初稿,经宪法起草委员会提交政协全国委员会进行协商,政协第一届全国委员会常务委员会召开了第53次会议,专门研究组织讨论宪法草稿初稿的准备工作。[①] 在人民代表大会选举法的制定过程中,全国政协通过讨论协商与开展宣传,推动了选举和协商提名全国人民代表大会候选名单的工作。

1954年,在全国人民代表大会召开后,人民政协依据《中国人民政治协商会议章程》规定,积极协助政府贯彻实施国家在过渡时期的总路线和总任务,特别是在贯彻实施对资本主义工商业和工商业者的社会主义改造方面,做了许多动员和宣传工作。在对生产资料私有制的社会主义改造过程中,人民政协将企业的改造和人的改造结合起来,有效处理了国内阶级关系方面的重要问题,解除了资本主义工商业者思想上的顾虑,实现了向社会主义和平过渡。

针对1954年9月全国人民代表大会召开后人民政协的作用问题,毛泽东特别指出:"有了人大,并不妨碍我们成立政协进行政治协商,各党派、各民族、各团体的领导人物一起来协商新中国的大事非常重要。"他同时提出了人民政协的五大任务:"一是协商国际问题,如对外发表宣言,反对侵略,保卫和平等。二是协商候选名单。三是提意见。四是调整关系,国家生活存在各种关系,政协主要是调整资本主义工商业社会主义改造中的公私关系……五是学习,即学习马列主义。"[②] 按照这五大任务的要

---

① 张平夫主编:《人民政协概论》,中央编译出版社2008年版,第20页。

② 中国人民政治协商会议全国委员会研究室、中共中央文献研究室第四编研部编:《老一代革命家论人民政协》,中央文献出版社1997年版,第183—184页。

求，人民政协在中国共产党的领导下，继续作为团结全国各民族、各民主阶级、各民主党派、各人民团体、海外华侨和其他爱国民主人士的人民民主统一战线的组织，在国家政治生活中发挥它应有的重要作用。

三、服务改革开放

党的十一届三中全会以来，随着国内阶级状况和改革形势的重大变化，革命统一战线也逐步发展壮大成为社会主义爱国统一战线。人民政协在拨乱反正、巩固和发展安定团结的政治局面，实现国家工作中心向经济建设转移、推进改革开放和社会主义现代化建设，争取实现包括台湾在内的祖国统一，反对霸权主义、维护世界和平，增进同各国和各国人民的相互了解和交流合作中都发挥了重要作用。

在新形势下，人民政协不断扩大团结面、增强包容性，在界别和委员构成方面进行了相应的调整，团结的范围更为广泛。56个民族和五大宗教团体都有代表人物担任全国政协委员；中华全国台湾同胞联谊会、特邀香港人士和特邀澳门人士成为人民政协新的参加单位；恢复了中国科学技术协会（以下简称"科协"）和中华全国归国华侨联合会（以下简称"侨联"）的人民政协参加单位资格；各民主党派和无党派人士在政协参政议政中日益发挥着重要的作用；各领域的专家学者和知识分子委员人数大幅度增加；一批在经济建设和改革开放中有影响的非公有制经济的代表人物进入政协，爱国统一战线不断扩大。改革开放后的人民政协作为执政党和人民政府联系社会各界群众的桥梁和纽带，在中国共产党的领导下，围绕中心、服务大局，牢牢把握团结和民主两大主题，紧密团结各民主党派和无党派人士、人民团体和各族各界代表人士，充分发挥政治吸纳、社会整合和建言资政功能，为国家经济、政治、文化和社会各方面变革提供了重要的政治保障和支持，在推动国家政治发展方面发挥了独特作用。

1979年10月，各民主党派分别召开了全国代表大会，决定将自己的工作重点转移到为四个现代化服务上来，发挥优势，开展各种社会服务咨询、智力支边等工作，引进资金、技术和人才为现代化建设服务。台湾同胞、港澳同胞和海外侨胞表现了极大的爱国热忱，在支援国家建设、促进祖国统一方面做了很多工作。各级政协协助党和政府落实知识分子政策，成立调研组就企业经营管理、农业生产责任制、城市建设、经济体制改革等问题进行深入调研，提出意见建议，发挥协商、监督和参政议政作用。以人民政协为纽带形成的政治沟通机制，是党和政府联系社会各界群众的重要渠道，为维护国家政治稳定做出了重要贡献。人民政协努力发挥自身下通各界、上达中央的优势，运用视察调研、建议案、提案和反映社情民意信息等多种形式，广泛听取民意，向党政部门提出意见建议，协调关系、化解矛盾。这一时期，各级人民政协对各级党委和政府的事关社会发展、人民安康等国计民生问题提供了各方面的智慧和力量。比如，全国政协就"三峡工程建设""抓紧实施南水北调工程""取消农业税""加快保障性住房建设""低碳经济"等提案中的重要意见和建议均转化为执政党的相关政策；"支持新疆吸收外资发展特殊经济区""把云南建设成为我国面向西南对外开放的桥头堡"等提案中的许多建议被纳入国家发展规划或部门、行业发展规划中。

贯彻"和平统一、一国两制"方针、促进实现祖国统一，是改革开放新时期人民政协工作的一个重点和特点。1983年9月，全国政协成立了祖国统一工作组。在积极推动委员和各方面的人士学习有关方针政策，研究对台工作情况，开展海外联谊活动，落实有关统战政策，协助有关部门为"四化"建设引进资金、技术和人才等方面做了许多工作。1995年，政协第八届全国委员会将祖国统一联谊委员会与华侨委员会合并，成立了台港澳侨联络委员会，在促进祖国和平统一大业方面发挥了独特的优势。

这一时期，全国政协积极利用政协委员社会联系面广、海外关系多的有利条件，按照"立足大陆、面向台湾、面向港澳、面向海外"的精神，不断扩大、加深与台湾同胞、港澳同胞和海外侨胞的接触交往。经过多层次、多渠道、多形式的宣传和联络，吸引了越来越多台湾同胞、港澳同胞和海外侨胞对祖国建设和统一大业的关注。政协全国委员会结合两岸关系发展的新情况,就有关港、澳、台工作的许多问题,选择重点、热点问题进行深入调查研究,积极建言,及时反映台湾同胞、港澳同胞和海外侨胞的有关意见、建议和呼声。其中,《关于进一步加强对台湾人民群众工作的建议》《关于进一步做好招收台湾学生工作的几点建议》《关于台湾同胞在大陆投资状况的调查和建议》《关于进一步加强对台宣传工作的建议》以及有关华侨、华人捐资办学问题等10余份调研报告,受到中共中央、国务院及有关部门的重视和采纳。政协全国委员会台港澳侨联络委员会还围绕经济建设,在吸引台港澳及海外侨、华人投资,为他们参与祖国经济建设牵线搭桥方面做了大量的工作。

改革开放以来,在历届全国政协主席和政协委员的积极推动下,人民政协坚持服务于我国外交工作总目标的方针,发挥广泛代表性、党派合作性、民主协商性和各领域人才荟萃的特点,在对外交往活动中日益活跃。从以往重点发展与社会主义国家对口组织、第三世界国家友好组织的关系,拓展到与国外一切有意愿同中国政协友好往来的组织开展国际交往。交往对象既有各国议会组织、政治组织,也有国际组织、区域组织,还有社会团体和知名人士。全国政协通过走出去、请进来,多层次、多渠道发展对外友好关系,配合我国对外斗争发表宣言或声明,特别是在维护国家统一,反对外国势力干涉我国内政,维护世界和平等方面,表达我国各党派、各团体和各族各界人士的严正立场和主张。这一时期,全国政协同100多个国家的200多个机构、10多个国际或区域性组织建立了联系。人民政协通过这些活动,增进了同各国的友好关系,扩大了对我国社会主义民主政治的宣传,介绍了中国共产党领导的多党合作和政治协商制度,在为我国现代化建设争取良好的国际环境方面发挥了积极的作用。

四、服务民族复兴伟业

中国特色社会主义进入新时代,人民政协在继承中发展、在发展中创新，开拓了团结民主、务实进取、蓬勃发展的新局面，彰显了中国特色社会主义制度的优势和特点。新时代人民政协认真贯彻中共中央决策部署，坚持发扬民主和增进团结相互贯通、建言资政和凝聚共识双向发力，完善专门协商机构制度，聚焦党和国家中心任务，围绕统筹推进"五位一体"总体布局和协调推进"四个全面"战略布局协商议政，积极投身实现"两个一百年"奋斗目标、实现中华民族伟大复兴中国梦的伟大实践，切实担负起把中共中央决策部署和对人民政协工作要求落实下去、把海内外中华儿女智慧和力量凝聚起来的政治责任，为党和国家事业发展做出了新的贡献。

党的十八大以来，协商民主日益成为实现党的领导的重要方式，各级政协组织积极发挥社会主义协商民主重要渠道和专门协商机构的作用，努力开拓协商民主的方法和渠道，形成了以全体会议为龙头，以议政性常委会和专题协商会为重点，以对口协商会、提案办理协商会为常态，以电视互动问政、网络远程协商等新形式为补充的协商议政格局，有效保证了各界人士和人民群众在日常政治生活中广泛参与的民主权利，切实维护了广大人民群众的切身利益，彰显了中国特色社会主义制度安排的优势和特点。在加强专门协商机构的建设中，人民政协注重把加强思想政治引领、广泛凝聚共识作为工作的中心环节，注重通过人民政协制度运行、民主程序和有效工作，把党的主张转化为社会各界的共识，努力使人民政协成为坚持和加强党对各项工作领导的重要阵地，用党的创新理论团结教育引导各族各界代表人士的重要平台，在共同思想政治基础上化解矛盾和凝聚共识的重要渠道。

全面深化改革的新时代，各级政协组织和政协委员贯彻以人民为中心、坚持人民政协为人民的发展思想，聚焦党和国家中心任务，贯彻新发展理念，精准聚焦全面深化改革的重点难点问题，瞄准选择经济社会发展中宏观性、战略性、前瞻性重大问题，开展调查研究，紧扣推动高质量发展议政建言。着眼于满足人民日益增长的美好生活需要，抓住涉及人民群众切身利益的实际问题,针对办好人民满意的教育、健康中国建设、生态环境、就业、养老、社会保障等问题开展视察调研和协商议政,为经济社会发展提出了大量具有真知灼见的意见和建议,其中绝大多数意见和建议得到党委、政府的充分肯定,并吸收纳入国家和地方决策之中。

着眼于新发展理念和经济结构的转型,人民政协开展多渠道的协商活动助推经济社会发展。比如,聚焦推动制造业高质量发展召开专题议政性常委会会议,提出加快结构调整、优化营商环境等建议,为建设制造强国提供参考;针对创新驱动发展召开专题协商会,组织近百名院士委员议创新,助力国家中长期科技发展规划研究编制;还就新能源汽车产业、大数据产业、海洋经济发展和共享经济健康发展等问题开展协商座谈;在贯彻落实中央重大决策部署中,就加强和改善宏观调控、防范化解重大风险、促进民营经济健康发展及应对中美经贸摩擦、优化金融生态等提出建议。① 还比如,围绕打赢脱贫攻坚战,实现全面建成小康社会,全国政协连续四年召开专题议政性常委会会议。聚焦坚决打赢脱贫攻坚战,对推进民族地区脱贫攻坚等开展协商调研,集中建言巩固脱贫成果、减少和防止贫困人口返贫,关于建立返贫监测预警和应急救助机制的建议受到中共中央的重视。2018年围绕精准扶贫精准脱贫,全国政协6位副主席带队赴深度贫困地区,集中协商议政,对脱贫攻坚起到了重要推动作用。

党的十八大以来,各级政协组织不断创新民主监督形式,拓宽监督渠道,坚持问题导向,通过调研、视察、会议、提案、建议案、委员举报等多种形式对党和国家重大决策部署、重要改革举措和法律法规的贯彻实施执行情况,以及国家机关及其工作人员的工作情况等,采用提出意见、批评和建议的方式广泛开展民主监督。各级政协组织和各民主党派对环境保护、营商环境、"营改增"的执行情况、精准扶贫脱贫等全局性问题进行全面有效的监督,特别是各民主党派聚焦脱贫攻坚深入开展民主监督,

---

① 汪洋:《中国人民政治协商会议全国委员会常务委员会工作报告——在政协第十三届全国委员会第三次会议上》,《人民日报》2020年5月28日,第3版。

为实施精准扶贫、克服形式主义官僚主义、扶贫与扶智扶志相结合等问题提出了很多切实有效的对策建议。人民政协还围绕生态文明建设，积极配合中央环保督察组对环保问题整改情况进行调研视察，已成为生态环保督察制度实际有效的补充。

新时代人民政协更加注重服务于国家对外工作大局。积极开展高层互访和多层级交流，宣传介绍人民政协制度、新型政党制度。推动共建"一带一路"、发展战略对接等方面合作。推进公共外交和人文交流，加强同外国政治组织、相关机构、媒体智库和各界人士的联系沟通。讲好中国故事，广泛宣传当代中国的发展成就、中国共产党领导的多党合作和政治协商制度、社会主义协商民主、人类命运共同体理念。发挥专门委员会、中国经济社会理事会、中国宗教界和平委员会的作用，就台湾、涉藏、涉疆等问题阐明我国主张，维护国家核心利益，为中国和平发展创造良好外部环境。

党的十九大以来，政协全国委员会及其常务委员会坚持以习近平新时代中国特色社会主义思想为指导，坚持稳中求进工作总基调，完整、准确、全面贯彻新发展理念，聚焦推动高质量发展调研议政。协商议题既有构建新发展格局、发展实体经济、促进重大原始创新、新能源汽车产业健康发展、保障国家粮食安全、推进污染防治攻坚战、建设更高水平的平安中国、办好人民满意的教育、大运河文化带建设、推进境外经贸合作区建设等事关经济社会发展的重大问题，也有应对人口老龄化、农村基本公共文化服务、外卖食品安全监管、法律法规制定修订等涉及人民群众切身利益的实际问题，做到科学选题、深入调研、精准建言。紧紧围绕"十四五"规划制定和实施献计出力，规划编制过程中组织开展常委会会议、视频调研会、形势分析会等35次议政活动，中共十九届五中全会后及时召开常委会会议专题学习"十四五"规划建议，围绕贯彻落实继续提出意见和建议。紧扣统筹疫情防控和经济社会发展认真履职尽责，围绕完善重大疫情防控机制、健全公共卫生服务体系和应急管理体系等，依托委员履职平台开展全体委员参加的专项问卷调查,发挥协商座谈、提案办理、反映社情民意信息等作用,报送情况反映、意见建议3500多条,为中共中央科学决策和推进决策落实提供参考。把握协商式监督定位,将重点监督性议题纳入年度协商计划,报经中共中央批准,聚焦"十四五"规划实施开展专题民主监督,紧扣退役军人保障政策、黑土地保护等10个议题接续跟踪监督,助推党和国家决策部署落实。① 新时代人民政协在守正创新实践中不断推动人民政协事业在继承中发展,为党和国家事业发展做出了重要贡献。

---

① 参阅汪洋:《中国人民政治协商会议全国委员会常务委员会工作报告——在政协第十四届全国委员会第一次会议上(2023年3月4日)》中国政府网 http://www.gov.cn/xinwen/2023-03/11/content_5746178.htm.

第 二 章
人民政协的理论基础

存在不存在独立的人民政协理论，一直是思想理论界争议很大的问题。多年来，政界、学界很多人认为，人民政协没有独立的理论，它是中国共产党统一战线理论的一部分。但随着实践的发展，加强政协理论研究成为越来越多理论和实际工作者的思想共识。2004年8月，全国政协召开纪念邓小平100周年暨邓小平关于人民政协理论研讨会，时任全国政协主席贾庆林代表中共中央发表重要讲话时，明确提出了"人民政协理论"这一概念。他指出："半个多世纪以来的实践证明，人民政协事业的创建和发展始终是在中国共产党创立的人民政协理论指引下前进的。人民政协理论经过几代人的探索奋斗，经过实践—认识—再实践—再认识的循环往复过程而逐步形成并不断深化。这个认识过程将贯穿于人民政协存在与发展的整个历史进程中。"[①]同年9月，胡锦涛同志在庆祝人民政协成立55周年大会讲话中强调："要大力加强人民政协理论研究工作，为人民政协事业更好地发展提供理论指导。"[②]任何理论问题都源于现实问题，任何现实问题也都蕴含着理论问题。理论创新的根基是伟大实践，理论创新的使命是推动伟大实践。2006年，中国人民政治协商会议理论研究会成立，

---

① 政协全国委员会办公厅，中共中央文献研究室：《人民政协重要文献选编（下）》，中央文献出版社、中国文史出版社2009年版，第741页。
② 胡锦涛：《在庆祝中国人民政治协商会议成立55周年大会上的讲话》，《人民日报》2004年9月22日，第1版。

人民政协理论研究进入了一个全新的历史时期。2023年的《中国人民政治协商会议章程修正案》在总纲中增写一个自然段："中国人民政治协商会议是中国共产党把马克思列宁主义统一战线理论、政党理论、民主政治理论同中国具体实际相结合、同中华优秀传统文化相结合的伟大成果，是中国共产党领导各民主党派、无党派人士、人民团体和各族各界人士在政治制度上进行的伟大创造。"① 这一论述从"两个结合"的宏观视野，进一步深化了对人民政协理论根基的认识。统一战线理论、政党理论、民主政治理论是人民政协的三个理论基石，为构建和丰富人民政协理论体系夯实了基础，铺垫了广阔的背景。

第一节　人民政协与统一战线

一般来讲，统一战线具有广义和狭义两种定义：从广义来说，统一战线是指一些不同的阶级、阶层、政党、集团、民族、国家等社会政治力量在共同利益的基础上为实现共同目标而结成的联盟。狭义的统一战线指的是无产阶级及其政党的战略策略，即无产阶级自身团结和同盟军问题。在中国革命、建设和改革开放等各个历史时期，统一战线都是中国共产党的重要法宝。统一战线理论是人民政协建立的主要理论依据，也是人民政协长期存在和发展的重要理论基础。

一、统一战线与马克思主义中国化

马克思、恩格斯在领导工人运动过程中，形成了统一战线的思想和理论。按照既有的文献研究，一般认为"统一战线"这一名词是由恩格斯最早提出的。1840年，恩格斯曾经署名弗·奥在《知识界晨报》第249号上发表文章《唯物论与虔诚主义》，其中写道："在同宗教的黑暗势力进

---

① 《全国政协办公厅负责人就〈中国人民政治协商会议章程修正案〉答记者问》，《人民日报》2023年3月19日，第4版。

行斗争的任何情况下,我们都应该结成统一战线。"①这篇文章以《不来梅通讯》为篇名收录在《马克思恩格斯全集》第41卷中。晚年的恩格斯在致德国社会民主党领导人倍倍尔的信中(1892年3月8日),又一次提到了"统一战线"。他指出,无产阶级政党在领导工人运动中,要善于运用革命策略,"如果射击开始得过早,就是说,在那些老党还没有真正相互闹得不可开交以前就开始,那就会使他们彼此和解,并结成统一战线来反对我们"②。但也有学者经过对原文的考察,认为马克思和恩格斯都没有使用过统一战线 (Einheitsfront) 这个专用术语,他们在阐述无产阶级统一战线思想时,使用的是"同盟""联盟""团结""联合"等一系列词汇。"统一战线作为一个马克思主义专用术语,是由列宁和斯大林创制的,并经过共产国际在全世界共产党人中流传开来的。"③但这丝毫不影响马克思和恩格斯是无产阶级统一战线思想的创始人。他们的统一战线理论对无产阶级政党及其政权建设影响深远,成为指导无产阶级夺取革命和建设胜利的强大思想武器。

马克思、恩格斯认为,无产阶级在革命进程中,要努力同其他革命的阶级和力量结成联盟,尽可能地孤立和打击主要敌人,这是取得胜利的重要保障。他们提出了工农联盟的思想,认为一切农业人口占多数的国家农民是无产阶级最可靠的同盟军。"在联合的反革命资产阶级面前,小资产阶级和农民阶级中一切已经革命化的成分,自然必定要与享有盛誉的革命利益代表者,即与革命无产阶级联合起来。""团结在作为决定性革命力量的无产阶级周围",组成"各种不同利益的联合"。④为此,马克思、恩格斯号召全世界无产者和一切劳动人民联合起来。同时,马克思和恩格斯认为,统一战线不是各种力量的简单组合,更不是乌合之众,而是要有明

---

① 中央统战部研究室编著:《统一战线100个由来》,华文出版社2010年版,第1页。
② 中央统战部研究室编著:《统一战线100个由来》,华文出版社2010年版,第2—3页。
③ 路璐:《马克思主义统一战线概念的由来新探》,《统一战线学研究》2018年第4期。
④ 《马克思恩格斯选集》第1卷,人民出版社2012年版,第490、533页。

确的政治方向和奋斗目标。

中国共产党是坚定的马克思主义政党,它不仅把马克思主义统一战线作为重要的战略政策用于指导党的革命实践,还创造性地促进了马克思主义统一战线理论的中国化。中国共产党在领导人民进行革命、建设、改革伟大事业的进程中,坚持以马克思主义统一战线理论为指导,依据国内社会主要矛盾、阶级阶层关系、社会结构、主要任务和实现目标等变化,在不同历史时期对统一战线的性质、构成、范围、主题、任务、特征等作出相应的理论阐释和政策调整。

1922年和1925年,中国共产党的早期领导人陈独秀、瞿秋白先后以"联合战线"和"统一战线"的表述把这个外来概念引入中国。此后,统一战线逐渐成为中国共产党的主要用语。毛泽东在1925年发表的《中国社会各阶级的分析》开头就明确提出:"谁是我们的敌人?谁是我们的朋友?这个问题是革命的首要问题。"[①]这一论述既是运用马克思主义基本理论分析当时中国社会历史环境下各个阶层对待革命的态度,也阐明了中国新民主主义革命的对象、动力、领导权和性质、前途等一系列重要问题,正确解决了革命中中国共产党应该依靠团结的同盟军问题。当时正处于第一次国内大革命战争时期,也是中国共产党和中国国民党第一次合作时期(1924—1927)。1931年"九一八"事变爆发后,中国共产党一直在为建立抗日民族统一战线,共同抵抗日本侵略者而努力。

1939年,毛泽东在《共产党人》发刊词中,根据中国的历史和社会状况,深刻揭示了中国新民主主义革命的基本特点,指出中国共产党18年的经验,已使我们懂得:"统一战线,武装斗争,党的建设,是中国共产党在中国革命中战胜敌人的三个法宝,三个主要的法宝。这是中国共产党的伟大成绩,也是中国革命的伟大成绩。"[②]中国共产党在新民主主义革命时期灵活运用了统一战线策略,成功地团结了一切可以团结的力量,并最

[①] 《毛泽东选集》第1卷,人民出版社1991年版,第3页。

[②] 《毛泽东选集》第2卷,人民出版社1991年版,第606页。

终取得了新民主主义革命胜利。中国共产党的历届领导人都非常重视统一战线工作,并根据中国建设和改革的需要,不断推进统一战线的马克思主义中国化进程。中华人民共和国成立初期,党的统一战线成员又从以前的工人阶级、农民阶级、知识分子、小资产阶级、民族资产阶级,扩大到少数民族、国外华侨及其他爱国主义分子。党的十一届三中全会以后,我国进入了改革开放和社会主义现代化建设的历史新时期,爱国统一战线成为各民主党派和各人民团体参加的,包括全体社会主义劳动者、社会主义事业的建设者、拥护社会主义的爱国者和拥护祖国统一的爱国者的最广泛的联盟。统一战线的任务主要是团结一切可以团结的力量,调动一切积极因素,为建设有中国特色的社会主义、统一祖国、振兴中华服务。

2000年12月,江泽民同志在第十九次全国统战工作会议上,做了题为《进一步开创统一战线工作的新局面》的讲话,提出了三个"绝不能":在新世纪,统一战线作为党的一个重要法宝,绝不能丢掉;作为党的一个政治优势,绝不能削弱;作为党的一项长期方针,绝不能动摇。[①]2006年7月,在第二十次全国统战工作会议上,胡锦涛同志指出:"巩固和壮大统一战线,是贯彻落实科学发展观、全面建设小康社会的必然要求,是坚持'一国两制'方针、推进祖国统一大业的必然要求,是坚持走和平发展道路、为我国发展争取良好国际环境的必然要求,是加强党的执政能力建设和先进性建设、完成党的执政使命的必然要求。全党同志特别是各级领导干部一定要从继续推进现代化建设、完成祖国统一、维护世界和平与促进共同发展这三大历史任务的战略高度,全面认识和准确把握统一战线工作的重大作用和发展要求,充分认识巩固和壮大统一战线的重大意义。"[②]2015年5月,习近平总书记在中央统战工作会议上,着眼党的"两个一百年"奋斗目标,立足全面建成小康社会新阶段,对统一战线在全面

[①] 《大力加强党的统一战线工作 为完成新世纪宏伟任务服务》,《人民日报》2000年12月5日,第1版。

[②] 孙承斌,邹声文:《不断巩固和壮大统一战线共同建设中国特色社会主义》,《人民日报》2006年7月13日,第1版。

建成小康社会、实现中华民族伟大复兴的中国梦进程中的地位和作用做出了新阐释。会后颁布的《中国共产党统一战线工作条例（试行）》中明确指出："统一战线是中国共产党凝聚人心、汇聚力量的政治优势和战略方针，是夺取革命、建设、改革事业胜利的重要法宝，是增强党的阶级基础、扩大党的群众基础、巩固党的执政地位的重要法宝，是全面建成小康社会、加快推进社会主义现代化、实现中华民族伟大复兴中国梦的重要法宝。"①既清晰凸显了统一战线的历史发展脉络，又充分彰显了统一战线的时代特色。新时代统一战线已经成为中国共产党领导的、以工农联盟为基础的，包括全体社会主义劳动者、社会主义事业建设者、拥护社会主义爱国者、拥护祖国统一和致力于中华民族伟大复兴爱国者的联盟。

中国共产党在百年历史中，创造性地提出了一整套适合中国国情的统一战线理论，为人民政协理论的创新发展提供了直接的理论指导。深刻体现着人民政协创立、创新和发展的政治逻辑。

二、有广泛代表性的统一战线组织

2018年3月11日，第十三届全国人大第一次会议通过的《中华人民共和国宪法修正案》提到，在宪法序言第十自然段中对统一战线和人民政协进行了如下表述："在长期的革命、建设、改革过程中，已经结成由中国共产党领导的，有各民主党派和各人民团体参加的，包括全体社会主义劳动者、社会主义事业的建设者、拥护社会主义的爱国者、拥护祖国统一和致力于中华民族伟大复兴的爱国者的广泛的爱国统一战线，这个统一战线将继续巩固和发展。中国人民政治协商会议是有广泛代表性的统一战线组织，过去发挥了重要的历史作用，今后在国家政治生活、社会生活和对外友好活动中，在进行社会主义现代化建设、维护国家的统一和团结的斗争中，将进一步发挥它的重要作用。中国共产党领导的多党合作和政治协

---

① 中共中央文献研究室编：《十八大以来重要文献选编》（中），中央文献出版社2016年版，第539页。

商制度将长期存在和发展。"①人民政协是统一战线组织,这不仅是《中华人民共和国宪法》赋予政协的特殊属性,而且也是人民政协产生、发展的根本依据。人民政协成立以来,作为统一战线组织形式的性质始终没有变。其主要原因在于人民政协体现了统一战线的本质和主题。统一战线的本质和主题是大团结大联合,而人民政协的显著特征就是汇聚各党派团体和各族各界人士,是统一战线大团结大联合的象征;同时参加人民政协的人员都是各方面代表性人物,可以通过他们去团结统一战线的广大成员,实现大团结大联合的使命,进而最大限度地为完成党和国家的中心工作凝聚人心、汇聚力量。

我们党的统一战线实践经验表明,统一战线的建立、巩固和发展,必须有一定的组织形式。"统一战线是一致性和多样性的统一体,这决定了统一战线内部,有许多事情要协商一致,有许多工作要协作开展,有许多关系要协调和谐,特别是有许多利益矛盾要协议化解,因而一般就需要一定的组织形式,作为将各方面联系起来的桥梁纽带、协调处理各种问题的平台。"②人民政协组织上的广泛代表性和政治上的巨大包容性,正好契合统一战线的本质要求。

1949年9月18日,在中国人民政治协商会议第一届全体会议召开前,北平党政军各群众团体设宴欢迎到达北平的中国人民政治协商会议的代表们。宴会上,与毛泽东坐"第一桌"的有何香凝、陈嘉庚、司徒美堂、陈叔通、许德珩、郭沫若、李立三等人。席间,毛泽东谈笑风生,不断为老人们夹菜敬酒。他说:"我们这一桌什么人都齐了:有无产阶级李立三,有无党派民主人士、文学家郭沫若,有民主教授许德珩,有工商界前清翰林陈叔通,还有妇女界廖夫人及华侨两老人,这是统一战线的胜利。"③中国人民政治协商会议第一届全体会议首次明确人民政协是统一战线组织形

---

① 《中华人民共和国宪法》,人民出版社2018年版,第5—6页。
② 陈喜庆:《关于人民政协作为统一战线组织形式的几个问题》,《人民政协报》2016年12月28日,第8版。
③ 董伟:《诞生——共和国孕育的十个月》,东方出版社2019年版,第405页。

式。1950年6月，毛泽东在全国政协一届二次会议上的讲话中指出："人民政协政治协商会议及其选出的全国委员会，是团结全国各民族、各民主阶级、各民主党派、各人民团体及各界民主人士的伟大的统一战线的政治组织，在全国人民中有很高的威信。"[①] 1954年12月25日全国政协二届一次会议通过的《中国人民政治协商会议章程》明确规定人民政协的性质是"中国人民民主统一战线的组织"[②]。之后，人民政协虽然经历反"右"和"文化大革命""左"倾错误的干扰，但作为统一战线组织的性质定位并没有改变。

人民政协的成立，标志着中国人民不仅在思想上、政治上，而且在组织上形成了坚强的团结。人民政协作为统一战线的组织形式，把统一战线的使命与人民政协的职能有机结合在一起，承担起统一战线的独特使命。

人民政协在组织上，主要是通过发挥政协界别作为扩大社会各界有序政治参与的重要渠道作用来扩大团结面和包容性。政协委员以界别组成，在本界别群众中具有一定的影响力、号召力，巩固和壮大统一战线需要发挥他们的团结凝聚作用。这一点，早在新政协筹备时，就在设置党派代表、区域代表、军队代表、团体代表后，另设特邀单位。这样，就让进不了上述单位的或不愿意以单位代表参加的人员，都以特邀人士的身份参加。此后，全国政协一直根据形势的发展不断探索界别设置的合理性。全国政协二届一次会议设29个界别。随着改革开放的进一步深化，我国社会阶层结构发生了深刻变化。社会阶层的分化直接带来阶层利益的差异，这种利益差异导致了利益博弈、利益冲突，并发展成为新的人民内部矛盾形式。面对改革开放和经济社会发展的实际情况，人民政协着眼于扩大团结面、搞好大团结，通过政协界别的合理设置和调整，最大限度地把新的

---

① 《毛泽东文集》第6卷，人民出版社1999年版，第78页。
② 政协全国委员会办公厅，中共中央文献研究室编：《人民政协重要文献选编》（上），中央文献出版社、中国文史出版社2009年版，第211页。

社会阶层人士和港澳台同胞等吸纳到政协中来。五届增设体育界别，六届增设"中华全国台胞联谊会""港澳同胞"。八届增设经济界，并将"港澳同胞"一分为二，32个界别发展为34个界别。界别设置的调整、扩充工作，对于巩固和壮大统一战线，起到了至关重要的作用。

三、新时代的统一战线

中国特色社会主义进入新时代，统一战线事业处于新的历史起点，呈现出站位更高、视野更宽、格局更大、根基更深、范围更广、渠道更多、方法更活等显著特征。习近平总书记站在党和人民事业成败的高度，提出了一系列关于统一战线的新思想新战略，科学回答了新时代需不需要统一战线、需要什么样的统一战线以及如何巩固和发展新时代统一战线等重大战略问题，形成了习近平总书记关于加强和改进统一战线工作的重要思想。

习近平总书记指出："人心向背、力量对比是决定党和人民事业成败的关键，是最大的政治。统战工作的本质要求是大团结大联合，解决的就是人心和力量问题。这是我们党治国理政必须花大心思、下大气力解决好的重大战略问题……现在，我们党所处的历史方位、所面临的内外形势、所肩负的使命任务发生了重大变化。越是变化大，越是要把统一战线发展好、把统战工作开展好。"[1]巩固和发展新时代统一战线，必须以习近平新时代中国特色社会主义思想为指导，高举爱国主义、社会主义旗帜，牢牢把握大团结大联合的主题，坚持一致性和多样性的统一，找到最大公约数，画出最大同心圆。

2015年5月，习近平总书记在中央统战工作会议上强调："全面贯彻落实党的十八大和十八届三中、四中全会精神，坚持以邓小平理论、'三个代表'重要思想、科学发展观为指导，深入研究统战工作面临的形势，扎扎实实做好统一战线各方面工作，巩固和发展最广泛的爱国统一战线，

---

[1] 中共中央文献研究室编：《十八大以来重要文献选编》（中），中央文献出版社2016年版，第556—557页。

为推进'四个全面'战略布局,为实现'两个一百年'奋斗目标、实现中华民族伟大复兴的中国梦,提供广泛力量支持。"①2021年1月,党中央印发了新修订的《中国共产党统一战线工作条例》(以下简称《条例》),重申了新时代统一战线工作范围是:"(一)民主党派成员;(二)无党派人士;(三)党外知识分子;(四)少数民族人士;(五)宗教界人士;(六)非公有制经济人士;(七)新的社会阶层人士;(八)出国和归国留学人员;(九)香港同胞、澳门同胞;(十)台湾同胞及其在大陆的亲属;(十一)华侨、归侨及侨眷;(十二)其他需要联系和团结的人员。统一战线工作对象为党外人士,重点是其中的代表人士。"②这些统战对象已经不同于以前各个历史时期的成员,充分体现了新时代我国社会内部结构复杂性前所未有、改革发展稳定任务之重前所未有、矛盾风险挑战之多前所未有、多元思想文化交流交融交锋前所未有的新特点。针对不同的统战工作对象,中央分类施策,出台了一系列具体的政策和措施。在民主党派工作方面,中央批准印发了有关参政党建设的三个文件,并研究制定了多项配套政策;在民族工作方面,中央召开了民族工作会议,制定了增进民族平等、团结、互助、和谐的各项具体政策和措施,有力促进了民族地区发展和边疆稳定;在宗教工作方面,坚持在"导"字上下功夫,颁布了一批法律法规和意见,有效提升了宗教工作的法治化水平,促进了宗教的中国化;在民营经济统战工作方面,制定了《关于加强新时代民营经济统战工作的意见》,推动了民营经济统战工作的创新发展;在党外知识分子工作方面,出台了关于加强和改进新时代党外知识分子思想政治工作的有关文件;在新的社会阶层人士统战工作方面,主动适应网络时代社会工作的特点,召开专门会议、制定重要举措,进一步提升了新的社会阶层人士统战工作的针对性和有效性;在港澳台统战工作方面,坚持稳中求进,积极应对挑

---

① 《巩固发展最广泛的爱国统一战线 为实现中国梦提供广泛力量支持》,《人民日报》2015年5月21日,第1版。
② 《中国共产党统一战线工作条例》,华文出版社2021年版,第7页。

战，发挥了独特的作用；在海外统战工作方面，完善涉侨政策，创新工作方法，文化交流和文化教育取得新成绩。

在2022年7月29日至30日召开的中央统战工作会议上，习近平总书记指出："统一战线因团结而生，靠团结而兴。促进中华儿女大团结，是新时代爱国统一战线的历史责任。做好这项工作，要把握好固守圆心和扩大共识的关系，不断增进共识，真正把不同党派、不同民族、不同阶层、不同群体、不同信仰以及生活在不同社会制度下的全体中华儿女都团结起来。"①在构建新时代统一战线"同心圆"中，中国共产党是圆心，只要我们把中国共产党的领导这个政治底线、这个圆心固守住，包容的多样性半径越长，画出的同心圆就越大。统一战线无小事，统战工作涉及的主要是同党外的关系，处理不好就可能影响大局。党中央在这方面要求是明确的。各级党委要把统战工作摆在重要位置，真正把统战工作纳入党委重要议事日程，纳入党政领导班子工作考核内容，纳入宣传工作计划，纳入党校、行政学院、干部学院、社会主义学院的重要教学内容。

新时代统一战线以坚持和发展中国特色社会主义、实现中华民族伟大复兴中国梦为共同思想政治基础，为巩固和发展最广泛的爱国统一战线铸牢了圆心、延长了半径，有助于以最大公约数画出最大同心圆。做好新时代统一战线工作必须正确处理一致性和多样性的关系，不断巩固共同思想政治基础，同时要充分发扬民主、尊重包容差异，尽可能通过耐心细致的工作找到最大公约数。"正确处理一致性和多样性关系，关键是要处理好人民日益增长的美好生活需要和不平衡不充分的发展之间的矛盾，着力点是处理好政党关系、民族关系、宗教关系、阶层关系和海内外同胞关系。……一致性就是实现中华民族伟大复兴的中国梦，就是求爱国、国家统一、民族复兴之同，存不同社会制度、不同价值观念、不同生活方式之

---

① 《促进海内外中华儿女团结奋斗 为中华民族伟大复兴汇聚伟力》，《人民日报》2022年7月31日，第1版。

异,这是新时代统一战线的最大半径,只有这样才能画出最大同心圆。"①高举爱国主义、社会主义两面旗帜,进一步凸显中华民族伟大复兴的最大公约数,有利于实现统一战线在新时代的新使命、新任务。

新时代统一战线无疑更加凸显了人民政协的新使命新要求。人民政协以其广泛的包容性,容纳了政党、民族、宗教、阶层等界别,其团结面之宽、社会覆盖面之广、在国家政治生活中的影响之大,是其他任何组织所不能比拟的。2019年6月12日,十三届全国政协主席汪洋同志在全国政协党组理论学习中心组集体学习讲话中指出:"统战属性是人民政协最基本的属性,统战职能是人民政协最基本的职能。……要始终坚持建言资政和凝聚共识双向发力,通过双向发力,把协商民主的优势转化为治理效能,更好地发挥人民政协作为专门协商机构的作用。"②人民政协作为由统一战线各领域代表性人士组成的政治组织,随着统一战线范围的扩大、格局的提升不断创新履职方式、拓展履职空间,以更高的政治站位,团结更广泛的力量,为实现中华民族伟大复兴的中国梦贡献自己独特的智慧和力量。

第二节 人民政协与政党制度

我国新型政党制度根植于中华文明的"共同体"传统,实现了政治力量的"有机团结",凝聚了国家发展的持久合力。"政治形式和组织形式"高度概括了人民政协与我国基本政治制度——中国共产党领导的多党合作和政治协商制度的关系。人民政协与我国新型政党制度相伴相生的背后,演绎的是在现代中国的土壤中政治生态的历史变迁和制度成长的必然逻辑,人民政协的成立标志着我国新型政党制度有了政治形式和组织形式。通过人民政协,中国的新型政党制度得以超越既往的政党关系,再造了一

---

① 孙信:《统一战线同心圆理论探讨》,《统一战线学研究》2018年第3期。
② 《全国政协党组举行第二次集体学习》,《人民日报》2019年6月13日,第1版。

种融汇传统智慧与现代本质的新型民主形式。

一、中国新型政党制度的形成

马克思、恩格斯、列宁等人在创立和发展马克思主义学说的时候，从政党的阶级属性入手，对政党的本质做出了科学解释，特别是在总结革命实践经验的基础上，对无产阶级政党的产生发展、自身建设以及如何对待其他政党的问题做了深入的论述。马克思、恩格斯认为，政党是一定阶级或阶层，为了维护本阶级或阶层的利益，围绕着夺取政权或影响政府而结合起来，采取共同行动的政治组织，政党既是一个阶级范畴，又是一个历史范畴，它是社会阶级斗争发展的必然产物。在资本主义社会化大生产得到充分发展的国家里，"因而特别是在英国，又是政党形成的基础，党派斗争的基础，因而也是全部政治史的基础"[1]。列宁也指出："在以阶级划分为基础的社会中，敌对阶级之间的斗争在一定的发展阶段上势必变成政治斗争。各阶级政治斗争的最严整、最完全和最明显的表现就是各政党的斗争。"[2]

马克思、恩格斯认为，无产阶级政党在夺取政权之前和夺取政权之后，都要尽可能地争取联合其他可能联合的政党，支持一切有利于推动社会进步的政治力量。《共产党宣言》是马克思、恩格斯专门论述关于政党理论的著作，是国际共产主义运动史上第一个无产阶级政党"详细的理论和实践的党纲"[3]，标志着马克思主义政党理论的诞生。马克思、恩格斯政党理论指出无产阶级必须联合支持其他革命政党和党派阶级，包括城市小资产阶级、资产阶级、各国民主政党、知识分子等，明确提出了多党合作的思想，"共产党人到处都努力争取全世界民主政党之间的团结和协调"[4]。

---

[1] 《马克思恩格斯选集》第4卷，人民出版社1995年版，第196页。

[2] 《列宁选集》第1卷，人民出版社1995年版，第676页。

[3] 《马克思恩格斯选集》第1卷，人民出版社1995年版，第248页。

[4] 《马克思恩格斯选集》第1卷，人民出版社1995年版，第307页。

马克思主义政党理论还认为，共产党人在与其他党派结成同盟的同时，必须保持自身的先进性、独立性以及联盟中的领导地位。无产阶级政党的先进性是指它坚持整个无产阶级共同的利益、始终代表整个无产阶级运动的利益，这是其他党派接受其领导的前提和基础。1852年，马克思在致《纽约论坛报》编辑的信中敏锐而不失幽默地指出："在政治上为了一定的目的，甚至可以同魔鬼结成联盟，只是必须肯定，是你领着魔鬼走而不是魔鬼领着你走。"[①] 深刻阐释了无产阶级政党保持革命领导权的必要性。

列宁在领导俄国革命的具体实践中，形成了处理共产党与其他政党关系的思想，发展了马克思政党合作理论，同时指出共产主义者运用共产主义普遍的和基本的原则，应是"针对各阶级和各政党相互关系的特点，针对共产主义客观发展的特点"[②]。而这一特点在各个国家并不相同，因而应在摸清本国国情的基础上，寻求适合本国国情的具体的政党合作模式。列宁还进一步发展了马克思、恩格斯主张的多党合作的政党关系，对于无产阶级夺取政权后，多党合作的政党关系应发展成为多党合作的政党制度给予了肯定回答并进行了初步尝试。只是由于当时的历史条件，苏联未能成功实现多党合作制度，但列宁的这一思想为后来中国共产党构建"新型政党制度"提供了宝贵的理论资源。

十月革命的胜利促进了马克思主义在中国的传播，中国共产党应运而生。作为以马克思主义为指导思想和理论基础的政党，中国共产党在领导中国革命的进程中，创造性地把马克思主义政党理论运用到领导中国民主革命的具体实践中。中国共产党与其他党派的合作，开始于抗战后期和抗战胜利后的"重庆谈判"与旧政治协商会议。各民主党派在中国新民主主义革命进程中逐步认识、选择、接受中国共产党的领导。随着1949年中国人民政治协商会议第一届全体会议的召开，中国共产党领导的多党合作和政治协商制度正式确立。这一新型的政党制度，是近代以来中国政治

[①] 《马克思恩格斯全集》第11卷，人民出版社1995年版，第552页。

[②] 《列宁全集》第39卷，人民出版社1986年版，第69页。

发展的必然结果,是在中国的革命、建设和改革中逐渐形成并确定下来的政党制度,是中国共产党和中国人民政治智慧的结晶,是马克思主义基本原理同中国实际相结合的一大创造。

2018年,习近平总书记在全国政协十三届一次会议联组会上,首次明确提出了"新型政党制度"的概念。他指出:"中国共产党领导的多党合作和政治协商制度作为我国一项基本政治制度,是中国共产党、中国人民和各民主党派、无党派人士的伟大政治创造,是从中国土壤中生长出来的新型政党制度。"[1]作为中国特色制度安排,人民政协深刻体现了我国新型政党制度的协商内涵,把党的领导和多党派合作有机地结合起来。"新型政党制度"是相对于西方的旧式政党制度而言的,西方民主的理论与经验认为,政党是民主最重要的工具,政党制度应是竞争性的,从政党内部来说是竞争性的选举,从党际来说,就是围绕国家政权展开的政党竞争,相应地就产生了两党制或多党制。与西方国家不同,我国实行的是非竞争性的政党制度,即共产党是唯一执政党,其他党派是参政党。共产党领导、多党派合作,共产党执政、多党派参政。中国共产党的执政地位是在中国革命、建设和改革过程中形成的。中国共产党不仅是执政党,还是对整个社会的方方面面实行领导的政党。执政党作为国家和社会的核心力量,强大而稳定,担负起国家、民族发展的重任。在新型政党制度框架下,中国共产党是国家建设的领导核心,各民主党派承担着决策协商、民主监督、参政议政等涉及政权运作的重要任务,而且,还有一定数量的民主党派人士进入各级政府部门担任领导工作。

我国的新型政党制度体现了中国政治发展的独特逻辑和内在要求,具有鲜明的中国特色和伟大的独创性。我国的执政党与参政党以合作、非竞争、稳定发展为基本价值取向,突破了一党制、两党制和多党制的传统政党类型,创立了一种合作型的政党制度;突破了以执政为目的、以竞争

---

[1] 《坚持多党合作发展社会主义民主政治　为决胜全面建成小康社会而团结奋斗》,《人民日报》2018年3月5日,第1版。

为手段的政党政治模式，创立了在多党合作基础上的复合形式、立体结构的关系格局；突破了以议会党团为中心的政治参与方式，创立了一种执政与参政有机结合、领导与合作内在统一的政党执政参政方式；突破了以选举为唯一形式的民主政治，创立了一种选举民主与协商民主互为补充、相辅相成的民主政治实现形式。"中国共产党领导的多党合作和政治协商制度有利于坚持全国人民根本利益与各阶层人民具体利益的统一；有利于凝聚社会力量，共同促进社会、经济、文化的发展。……这一新型政党制度的发展，不是简单延续我国历史文化的母版，不是简单套用马克思主义经典作家设想的模板，更不是国外现代化发展的翻版。面对世界政党制度的历史变迁与演变，中国共产党领导的多党合作和政治协商制度为人类政治制度的族群提供了一种新的范式。"[1]人民政协作为中国共产党领导的多党合作和政治协商的重要机构，其典型的独特制度安排之处在于，它是我国唯一民主党派以党派名义开展活动的组织，是唯一党外人士占大多数的政治组织，充分体现了我国政党制度的特色和优势。

二、新型政党制度的政治形式和组织形式

"政治形式和组织形式"高度概括了人民政协与我国基本政治制度——中国共产党领导的多党合作和政治协商制度的关系。显示了人民政协是中国特色制度安排的理论内涵和显著特征。2006年，《中共中央关于加强人民政协工作的意见》首次明确"人民政协是实行中国共产党领导的多党合作和政治协商制度的重要政治形式和组织形式"[2]。2018年3月，在中国人民政治协商会议第十三届全国委员会第一次会议修订政协章程时，在章程总纲中增加了一段话："中国共产党领导的多党合作和政治协商制度是我国的一项基本政治制度，是具有中国特色的社会主义政党制

---

[1] 周淑真：《马克思主义政党理论与多党合作制度的逻辑关系》，《人民政协报》2019年2月20日，第8版。

[2] 中共中央文献研究室：《十六大以来重要文献选编》(下)，中央文献出版社2008年版，第260页。

度。中国人民政治协商会议是实行中国共产党领导的多党合作和政治协商制度的重要政治形式和组织形式。中国人民政治协商会议根据中国共产党同各民主党派和无党派人士长期共存、互相监督、肝胆相照、荣辱与共的方针，促进参加中国人民政治协商会议的各党派、无党派人士的团结合作，充分体现和发挥我国社会主义新型政党制度的特点和优势。"[①]通过人民政协来展现我国新型政党制度的价值和智慧，不仅体现了中国共产党、各民主党派和中国人民的伟大创造，同样也是对人类政治文明的巨大贡献。

我国各民主党派、无党派人士接受中国共产党的领导，是中国新型政党制度最显著的特征。各民主党派成立时，所代表的是介于国共两党之间的中间势力，即民族资产阶级、城市小资产阶级及其知识分子。他们以"民主"为基本诉求，在政治上一直以英美国家为榜样，甚至在思想上存在不同程度的"亲美反共"倾向。他们与中国共产党的关系，从最初的相互排斥、对立到逐步了解、合作，从同情、支持、靠拢共产党，到自觉接受共产党的领导，经历了反复的权衡、比较和磨合。正是通过"新政协"，民主党派完成了接受中国共产党领导这一重大政治转变。中共"五一口号"发布后，民主人士对于新政协的看法、宗旨、内容、时间、地点、参加者还远未达到统一意见，对于未来国家政权中的党派关系及地位尚有许多争议。响应"五一口号"后，在民主党派内部确实有很多不同的意见，尤其是关于中国各党派在新政权中的地位、关系等问题。作为民族资产阶级、城市小资产阶级及其知识分子的代表，要接受工人阶级代表的中国共产党的领导确实是一种脱胎换骨的改变。这种脱胎换骨的背后，伴随的是民主党派一次次中间路线主张和行动的破产、和平希望和努力的屡屡幻灭，以及中国共产党的真诚帮助、道义扶持、民主协商、实践说服。最终，民主党派在革命实践中超越了自身狭隘的阶级利益，将对民主的追求与中国共产党的新民主主义革命思想成功交汇，自觉地凝聚到中国共产党

[①]《中国人民政治协商会议章程》，人民出版社2018年版，第14—15页。

的旗帜下。1949年9月21日至30日,中国人民政治协商会议第一届全体会议在北平(今北京)召开,会议通过了具有宪法性质的《中国人民政治协商会议共同纲领》。它的制定意味着各个党派的合作有了共同的政治基础,它既是当时我国的根本大法,又是参加政治的各党派、各团体及各界人士共同遵守的行为准则。人民政协的历史,是一部坚持党的领导、加强党的思想政治引领的历史,是一部政协党组织和广大党员团结政协各参加单位、人民团体、各族各界人士投身革命、建设、改革实践的历史。中国共产党的领导是中国特色社会主义最本质的特征,是人民政协事业发展创新的基本政治共识,也是新时代人民政协必须恪守的根本政治准则。

人民政协作为我国新型政党制度的重要政治形式和组织形式,具有鲜明的统战性。这一特征决定了我国的新型政党制度也要重视一致性与多样性的有机统一,通过人民政协实现大团结大联合,致力于人心和力量问题的凝聚。根据《中国共产党统一战线工作条例》规定:"党外代表人士在各级政协中应当占有较大比例,换届时委员不少于60%,常委不少于65%;在各级政协领导班子中副主席不少于50%(不包括民族自治地方)。全国政协和省级政协应当有民主党派成员或者无党派人士担任专职副秘书长。政协各专门委员会主任、副主任以及委员中的党外代表人士应当占有适当比例。"[①]同时,民主党派成员和无党派人士在政协各专门委员会中也有适当数量,在专委会委员中占有适当比例,在政协机关中也有一定数量的民主党派成员和无党派人士担任专职领导职务。我国各民主党派、无党派人士的职能和作用必须通过人民政协得到充分体现。在人民政协的所有界别里,各民主党派和无党派人士不同于一般的社会界别,在政协履职要做特殊周到的安排。各民主党派和无党派人士对政协履职的参与,是全面深入的参与。各民主党派以党派名义在人民政协提出提案、反映社情民意信息,以本党派名义发表意见、建议和主张。同时,政协还专门搭建各民主党派、无党派人士在政协协商议政的平台,方便各民主党派推动多党合

[①]《中国共产党统一战线工作条例》,华文出版社2021年版,第33—34页。

作和政治协商。这些具体的工作机制，有效保障了各民主党派和无党派人士履行职能、发挥作用。

三、充分发挥各民主党派在人民政协中的作用

从发展完善我国新型政党制度出发，人民政协需要以政治过程的视角，结合系统论与组织行为学的规律、原则，特别是从政党如何整合资源、接近或运用权力完成政治目标的角度出发，着力设计、构建多党合作制度在人民政协运行的体制机制，优化具体对象、政治议题、工作机制、民主程序、评估反馈等诸多政治过程的环节和细节，形成相对闭合、完整的体制机制的以至制度的链条，切实发挥好人民政协这一政治形式和组织形式的功能。

人民政协的工作性质，决定了参政党要在政协的舞台上唱"主角"。参政党在人民政协发挥作用中最典型和突出的表现是在参政党界别的活动上。主要有三种：一是在每年政协全体会议前，召开党派界别的参政议政工作会议，认真准备政协会议上的集体提案，保障集体提案具有较高的质量。二是在政协全体会议上，以党派名义向大会提交书面发言和口头发言。三是党派界别在政协全体会议上，以界别小组的形式组织讨论，反映本界别政协委员的意见和建议。目前，参政党在人民政协发挥作用的渠道还缺乏相应的沟通和协调机制，要进一步完善各级政协与民主党派的联系渠道，推进新型政党制度在人民政协组织的功能发挥。

参政党的特点在于它的党派性。从现象看，各参政党都代表着一定的利益群体和利益关系，相互之间是独立的；但同时他们所代表的利益群体和利益关系在现实中又具有一定的交叉性。尤其是近些年来，参政党在发展成员、自身建设上的一些共同特征的存在，使得党派趋同现象成为一个不容忽视的现实问题。具体体现在各政党在政协这一平台的活动上，各参政党关注的问题和政策主张，包括政协提案和大会发言、社情民意、提

交给有关部门的专题报告都表现出很高的重复性和重叠性。因此，如何在充分保证参政党的政治参与和利益表达的同时，避免因重复反映问题而导致政治资源的浪费，是发挥参政党在人民政协中作用所应当予以考虑的问题。就履职的整体而言，大量的提案重复会分散相关部门的精力，影响处理的效率。因此，需要人民政协和各参政党之间建立良性的协商协调机制，充分发挥参政党以政党名义活动的整体作用。"长期以来，各党派作为集体行动主体在参政议政和政治协商中出现的频率还是远低于它们的成员个体。相应地，各党派在民主监督和社会服务中所展现出的组织性、党派性也还是比较弱的。"[①]为强化参政党在政协的政党属性，政协和参政党之间的协商沟通机制可以事先就一些准备提出的问题进行协商和沟通，让委员能在参政党界别的组织下互动起来，集中反映参政党的意见和建议。对问题相同意见一致的提案，可以以党派联合的方式提出，这也增强了意见和建议的分量；意见相左的，也可以在充分了解对方观点的基础上，利用政协这个平台进行充分协商和博弈，从而使得意见能够得到更好的、更有效的表达，提升意见和建议的民主性和科学性。

在人民政协与参政党工作对接中，应努力做到四个结合：在工作思路上，履行人民政协的参政议政职能与在人民政协中参政党的作用结合起来；在工作内容上，把政协组织的活动与参政党开展的活动结合起来；在工作要求上，把加强政协的自身建设与加强参政党参政能力建设结合起来；在工作效果上，把体现政协的组织优势与凸显参政党人才优势结合起来。由此，人民政协真正成为加强多党合作履行共同职能的重要场所，充分发挥人民政协是参政党参政议政、民主监督大舞台的作用。在政协的日常工作活动中，建立政协与参政党联席会议制度，通报政协工作情况、征求意见、沟通思想。健全参政党参与政协视察、调研等活动的机制。创新政协委员参政议政的新思路、新途径及反映社情民意的新渠道，通过建立"委员工作室""网上议政"和"委员信箱"，创新活动载体，把参政党在

---

① 徐锋：《当代中国的政党趋同问题探析》，《学习与探索》2011年第1期。

政协发挥作用的要求具体化。同时，在政协各种活动中增加参政党的"位子"：邀请各参政党负责人列席政协党组召开的民主生活会；邀请参政党骨干列席政协常委会；优先吸收参政党成员中的骨干参加政协各专门委员会；支持各参政党选派机关干部到政协机关挂职锻炼；扩大各参政党机关干部列席每年政协全会的开幕式、闭幕式和政协举行的大型会议、庆祝活动以及学习报告会，并创造更多的机会，使党派的机关干部增强政协是"党派之家"的认识与感情。

人民政协是实行中国共产党领导的多党合作和政治协商制度的重要政治形式和组织形式，政协和参政党的形象是高度一致、密不可分的。多年以来，人民政协和参政党在党委、政府的工作大局中发挥了积极的作用。人民政协应该主动积极地加以宣传，不论是在国内，还是在国外，宣传人民政协和参政党就是在宣传中国共产党和中国的民主政治。人民政协通过自己的优势进一步加大对参政党性质、作用和具体工作的报道，通过多方位的媒体参与，宣传人民政协中参政党的具体活动和成就，对于扩大参政党的社会影响、提升参政党的国际形象、助推参政党履职积极性具有重大意义。人民政协需要探索多种宣传机制，开辟更多宣传渠道，加强对参政党界别的宣传和报道，提供更多的外事活动机会，开创参政党参与人民政协外事和宣传工作的新局面。只有这样，才能使全社会对参政党在人民政协中的地位和作用有一个清楚的认识，也才能够充分发挥参政党的作用。

第三节 人民政协与民主政治

没有民主就没有社会主义，就没有社会主义的现代化，就没有中华民族伟大复兴。党的二十大报告指出：人民民主是社会主义的生命，是全面建设社会主义现代化国家的应有之义。全过程人民民主是社会主义民主政治的本质属性，是最广泛、最真实、最管用的民主。必须坚定不移走中国特色社会主义政治发展道路，坚持党的领导、人民当家作主、依法治国有机统一，坚持人民主体地位，充分体现人民意志、保障人民权益、激发人民创造活力。人民民主能够实现"全过程"，不仅体现为人民代表大会制度及其所保障的全心全意为人民服务的国家体制，更体现为"有事好商量，众人的事情由众人商量，找到全社会意愿和要求的最大公约数，是人民民主的真谛"的社会主义协商民主。党的二十大报告从"发展全过程人民民主，保障人民当家作主"的角度对人民政协工作发展做出部署和要求。人民政协作为社会主义协商民主体系中的专门协商机构，在中国共产党领导下，发挥人民政协联系社会各界群众的桥梁纽带作用，紧密团结各民主党派、无党派人士、人民团体和各族各界代表人士，充分发挥政治吸纳、社会整合和建言资政功能，为贯彻党的路线、方针、政策不懈努力，不断做好人民群众诉求的表达者、智慧的集中者、利益的维护者和有序政治参与的引导者，为发展全过程人民民主贡献智慧和力量。2023年的《中国人民政治协商会议章程修正案》将总纲原第三自然段中人民政协"是我国政治生活中发扬社会主义民主的重要形式"充实为"是我国政治生活中发扬社会主义民主、实践全过程人民民主的重要形式"。充分体现了人民政协在实践全过程人民民主中的重要地位和作用。

一、中国民主道路选择

根据《现代汉语词典》的解释，民主是指人民所享有的参与国家事务和社会事务管理或对国家自由发表意见的权利。我们今天所使用的民主概念具有丰富的内涵和多样化的解释，但万变不离其宗，"民主"归根结底是要体现为"人民当家作主"，而不是花里胡哨的各种工具和形式。正是因为如此，"民主"在当今世界具有不容置疑的意识形态正确性。但民主概念本身是抽象的，是一个历史范畴，它意味着一定历史情境中的人民主权、正当及合法的统治，体现为一系列相关的政治思潮、国家制度，以及相关的行为过程、社会运动。民主需要具体化为制度安排，这其中的种种安排决定了对民主价值的评判和取舍。

马克思主义坚持唯物主义历史观,认为人民群众是社会实践的主体,是社会历史的创造者,是推动历史前进的真正动力,因此,人民群众应该是国家权力的真正主体,是民主政治的根本出发点和落脚点。马克思对民主制给予了很高的评价:"在民主制中,国家制度、法律、国家本身都只是人民的自我规定和特定内容。"[1]民主的核心和本质就是人民主权,人民意志的实现就是人民自己创造、自己建立、自己规定国家制度,并用这个国家制度决定自己的事情。"民主制是作为类概念的国家制度"[2],马克思主义通过研究分析资本主义社会的基本矛盾及由此决定的资产阶级民主的内在矛盾,揭示了社会主义民主取代资本主义民主的历史必然性。社会主义民主将是人类历史上新的更高类型的民主。同时,马克思主义指出社会主义民主也需要有一个逐步发展的过程,存在着从初级到高级,从不充分到充分,从不完备到完备的过程。列宁认为,民主是社会主义的根本标志。他在1916年所写的《论面目全非的马克思主义和"帝国主义经济主义"》一文中提出了著名的论断,没有民主,就不可能有社会主义。"一切民族都将走向社会主义,这是不可避免的,但是一切民族的走法不会完全一样,在民主的这种或那种形式上,在无产阶级专政的这种或那种形态上,在社会生活各方面的社会主义改造的速度上,每个民族都会有自己的特点。"[3]列宁在领导俄国革命的实践过程中还指出:"民主就是全体居民群众真正平等地、真正普遍地参与一切国家事务。"[4]表明人民不光拥有建立国家的权力,同时还拥有管理和参与国家事务的最高权力,只有这样,才真正是无产阶级要求的民主,从而进一步发展了马克思主义人民当家作主的思想。

20世纪以来,民主一直是中国革命的一面旗帜,也是中国共产党长

---

[1] 《马克思恩格斯全集》第1卷,人民出版社1956年版,第282页。
[2] 《马克思恩格斯全集》第1卷,人民出版社1956年版,第280页。
[3] 《列宁全集》第28卷,人民出版社1990年版,第163页。
[4] 《列宁全集》第28卷,人民出版社1990年版,第111页。

期坚持的奋斗目标,是毛泽东主张"跳出历史周期率"的新路,是社会主义的核心价值观之一。邓小平所提出的"没有民主就没有社会主义,就没有社会主义的现代化"①这一命题已经成为我们党对民主与社会主义及社会主义现代化的高度共识。但如何实现具体推进民主、实现民主,现代中国经历了曲折的探索。中国共产党对于民主政治发展道路的探索和阐述,始终是同中国革命、建设和改革的丰富实践紧密联系的。中国共产党创造性地把马克思列宁主义民主政治理论的基本原理同中国具体实际相结合,形成了具有中国特色的民主政治理论,进而开辟了中国特色社会主义政治发展道路。

在建设中国特色社会主义过程中,要推进社会主义民主政治建设,必须处理好党的领导、人民当家作主和依法治国之间的辩证关系。党的领导是根本保障,人民当家作主是本质要求,依法治国是党领导人民治理国家的基本方略。同时,发展社会主义民主,制度更带有根本性、全局性、稳定性和长期性。要着重加强制度建设,实现社会主义民主政治的制度化、规范化、程序化。以保障人民当家作主为核心,坚持和完善人民代表大会制度,坚持和完善中国共产党领导的多党合作和政治协商制度、民族区域自治制度以及基层群众自治制度,推进社会主义民主政治法治化,使这种制度和法律不因领导人的改变而改变,不因领导人看法和注意力的改变而改变。因此,要不断推进政治体制改革,发展更加广泛、更加充分、更加健全的人民民主。

我国的根本政治制度是人民代表大会制度,国家的一切权力属于人民,人民通过选举代表来履行民主权利。在基层,村级政权也全部由村民直接选举产生,基层群众自治制度是我国的基本政治制度。可以说,在我们国家的制度安排中,对选举民主非常重视,有完善的制度安排。但绝对不能简单把选举等同于民主。习近平总书记指出:"保证和支持人民当家作主,通过依法选举、让人民的代表来参与国家生活和社会生活的管理是

---

① 《邓小平文选》第2卷,人民出版社1994年版,第168页。

十分重要的，通过选举以外的制度和方式让人民参与国家生活和社会生活的管理也是十分重要的。人民只有投票的权利而没有广泛参与的权利，人民只有在投票时被唤醒、投票后就进入休眠期，这样的民主是形式主义的。"①因此，党的十八大后，社会主义协商民主得到了高度重视和快速发展。在中国，协商民主与选举民主不是相互替代、相互否定的，而是相互补充、相得益彰的，它们共同构成中国社会主义民主政治的制度特点和优势。

党的十八大以来，以习近平同志为核心的党中央在推动坚持以人民为中心、坚持守正创新的政治实践中不断深化对民主政治发展规律的认识，创造性地提出了全过程人民民主的重大理念。作为中国式现代化的"民主篇"，全过程人民民主体现了我们党在百年奋斗历程中，坚持把马克思主义基本原理同中国具体实际相结合、同中华优秀传统文化相结合，积极探索人民民主道路所取得的成就和经验，是中国共产党团结带领中国人民追求民主、发展民主、实现民主的智慧和经验结晶，是新时代中国共产党自信自立探索中国特色社会主义政治发展道路的创新性理论成果和实践总结，凸显了中国民主站稳人民立场、把握人民愿望、尊重人民创造、集中人民智慧的鲜明特色。党的二十大报告不仅将"发展全过程人民民主"作为中国式现代化的本质要求，而且从加强人民当家作主制度保障、全面发展协商民主、积极发展基层民主、巩固和发展最广泛的爱国统一战线等四个方面擘画了行动路线图，为进一步发展全过程人民民主、保障人民当家作主指明了方向、提供了遵循。

二、人民民主的重要实现形式

中国共产党一经诞生，就把为中国人民谋幸福、为中华民族谋复兴确立为自己的初心和使命，为实现人民当家作主进行了不懈探索和奋斗。

---

① 习近平：《在庆祝中国人民政治协商会议成立65周年大会上的讲话》，《人民日报》2014年9月22日，第1版。

第二章　人民政协的理论基础

新民主主义革命时期，毛泽东在《新民主主义论》中对建立人民民主制度作了理论探讨。党团结和领导人民在根据地、解放区初步实践人民民主，探索人民民主的新道路。土地革命时期，党带领人民建立了工农苏维埃政权，实现局部执政，使劳动人民在中国历史上首次成为政权的主人；抗日战争时期，制定实施了一系列《施政纲领》，将人民民主这一主线贯穿"三三制"政权建设、人权保障、边区经济、民众组织、官兵关系、军民关系、边区教育、党内民主、廉政建设等各个领域，民主潮流在边区深入民心；解放战争时期，毛泽东等中央领导同志深入思考人民民主专政的涵义，创造性设计新民主主义的国家政权建设。新民主主义革命的胜利也是人民民主的胜利，实现了中国从几千年封建专制政治向人民民主的伟大飞跃，为发展全过程人民民主奠定了政治条件和社会条件。

1954年9月，我们国家通过普选产生了1200多名全国人大代表，召开了第一届全国人民代表大会第一次会议，颁布了中华人民共和国第一部宪法，使社会主义民主的组织形式从中央到地方基本形成，人民民主有了基本的制度保障。同时，党继续发扬与党外人士、人民团体民主协商的优良作风，完善中国人民政治协商会议机构，重视并发挥民主党派和人民群众团体的作用，创造了生机勃勃的民主气象。在中国，人民代表大会制度和中国共产党领导的多党合作和政治协商制度，是符合我国国情的一种新型民主制度。选举民主与协商民主相结合，是中国社会主义民主的一大特点。要推动人民代表大会制度与时俱进，坚持人民主体地位，推进人民代表大会制度理论和实践创新，发挥人民代表大会制度的根本政治制度作用。同时，推进协商民主广泛多层制度化发展，构建程序合理、环节完整的协商民主体系，拓宽国家政权机关与政协组织、党派团体、基层组织、社会组织的协商渠道；发挥统一战线在协商民主中的重要作用；发挥人民政协作为协商民主重要渠道和专门协商机构的作用。人民政协作为人民民主的重要实现形式，在国家政治生活中发挥着独特的优势和作用。

中国的民主发展不仅意味着政体选择，而且也是建构现代国家的过程。中国民主所承载的历史使命不但要使有几千年历史的古老帝国成功转变为现代国家,也要使当代中国成功维持在一个政治共同体中。因此,当代中国形成了协商民主与选举民主相互补充、相得益彰的社会主义民主制度体系。"在中国的政治体系中,协商民主不是孤立存在的,它既与中国近代以来的共和民主传统和人民民主实践形成了深刻的契合关系,又与中国共产党的统一战线、群众路线相伴相随、荣辱与共;既与中国共产党领导的多党合作与政治协商制度的运行互为表里,又与中国基层民主的实践有机统一。"①协商民主是党领导人民有效治理国家、保证人民当家作主的重要制度设计,同选举民主相互补充、相得益彰。这决定了在中国国家建设和政治发展中,协商民主既是一种人民民主的实践形式,同时也是党的领导、国家建设与社会发展的重要平台与机制。协商民主所实践的不仅仅是民主协商本身,更重要的是通过民主协商,实践爱国统一战线、群众路线、民主集中制、多党合作以及基层民主。人民政协作为爱国统一战线和多党合作的制度化平台,成为实现中国特色民主不可或缺的有机构成。人民政协在协商中促进广泛团结、推进多党合作、实践人民民主,既秉承历史传统,又反映时代特征,充分体现了我国社会主义民主有事多商量、遇事多商量、做事多商量的特点和优势。

中国式现代化是人口规模巨大的现代化。面对这一民主运行的"超大规模难题",中国在实践探索中找到答案——"三者有机统一"原则,即坚持党的领导、人民当家作主、依法治国有机统一。其内在机理是:人民通过中国共产党领导凝聚为有机整体;党和人民共同意志体现并成为宪法和法律;国家以宪法为根本法得以组织、运行和发展;权力运行必须在法治的框架内;人民通过各种途径和形式依法管理国家事务、管理经济和文化事业、管理社会事务,宪法、法律及其实施都要有效体现人民意志、

---

① 林尚立:《协商民主:中国特色现代政治得以成长的基础——基于中国协商民主功能的考察》,《湖北社会科学》2015年第7期。

保障人民权益、激发人民创造力。中国特色社会主义进入新时代以来,我国社会主要矛盾发生新变化,人民对民主发展有了新要求、新期盼。2014年9月,习近平总书记在庆祝全国人民代表大会成立60周年大会上的讲话中指出,要坚持和发展人民代表大会制度,防止人民在形式上有权而实质上无权的现象,"要扩大人民民主,健全民主制度,丰富民主形式,拓宽民主渠道,从各层次各领域扩大公民有序政治参与,发展更加广泛、更加充分、更加健全的人民民主"。① 同月,他在庆祝中国人民政治协商会议成立65周年大会上的讲话中也强调,人民政协作为人民民主的重要实现形式,要适应推进国家治理体系和治理能力现代化的要求,"坚持改革创新精神,推进人民政协理论创新、制度创新、工作创新,丰富民主形式,畅通民主渠道,有效组织各党派、各团体、各民族、各阶层、各界人士共商国是,推动实现广泛有效的人民民主"。② 这两次重要讲话明确了新时代如何坚持和发展人民民主的基本问题。2019年11月,习近平总书记在上海考察全国人大基层立法联系点时指出"人民民主是全过程的民主",首次提出"全过程民主"理念。2021年7月,在庆祝中国共产党成立100周年大会上的讲话中,习近平总书记完整提出"全过程人民民主"概念。同年10月,习近平总书记在中央人大工作会议上的讲话中全面地、系统地阐释了全过程人民民主的基本问题。2021年11月,"发展全过程人民民主"作为十八大以来中国共产党在政治建设层面的重要举措和显著成就,被写进《中共中央关于党的百年奋斗重大成就和历史经验的决议》。党的二十大报告又对此做出了科学部署。可以说,理论与实践互相促进,共同推动新时代中国民主的健康发展。

习近平总书记在党的二十大报告中强调,协商民主是实践全过程人民民主的重要形式,并对全面发展协商民主作出战略部署。坚定不移走中

---

① 习近平:《在庆祝全国人民代表大会成立六十周年大会上的讲话》,《求是》2019年第18期
② 习近平:《在庆祝中国人民政治协商会议成立65周年大会上的讲话》,《人民日报》2014年9月22日,第2版。

国特色社会主义政治发展道路，全面发展协商民主，对于发展全过程人民民主，健全人民当家作主制度体系，发挥中国共产党领导的政治优势和中国特色社会主义的制度优势，把全党全国各族人民的智慧和力量凝聚到新时代新征程党的中心任务上来，全面建设社会主义现代化国家，以中国式现代化全面推进中华民族伟大复兴，具有重大而深远的意义。人民政协是社会主义协商民主的重要渠道和专门协商机构，要把协商民主贯穿履行职能全过程，提高政治协商、民主监督、参政议政水平，更好凝聚共识。从历史发展来看，

人民政协与协商民主有着与生俱来的天然联系，人民政协机构的诞生即由协商民主的精神而孕育的。在几十年的历程中，人民政协已经发展成为广阔的协商民主平台，成为我国政治体制中最具广泛代表性和最大政治包容性的组织。在中国政治体制框架中，只有人民政协的工作如此宽泛地涉及了政党、人民团体、社会各界、民族、社会组织，乃至有代表性的个人，涉及了政党关系、党群关系、政群关系、民族关系、宗教关系以及社会各界的内部关系等。人民政协的工作，就是发展协商民主的工作；人民政协的基本职能就是组织参加政协的各党派、各团体、各民族以及各界代表人士开展民主协商活动，人民政协在本质上就是一个实行协商民主的组织载体。人民政协以协商民主的方式，助推着执政党与民主党派、国家与社会、政府与民间、体制内部门与体制外力量的良性互动，起到人民内部多方面意见沟通、信息传导、协同发展的枢纽作用。在这个平台上，各种社会意愿、利益诉求都可以得到平等表达、充分商讨，以最大的包容性实现中国共产党领导的各党派、各团体、各民族、各阶层的团结一致，从而为中国的政治稳定和力量凝聚做出贡献。

三、行得通、很管用的"中国式民主"

在中央政协工作会议暨庆祝中国人民政治协商会议成立70周年大会上，习近平总书记强调："70年的实践证明，人民政协制度具有多方面的

第二章 人民政协的理论基础

独特优势。马克思、恩格斯说过:'民主是什么呢？它必须具备一定的意义，否则它就不能存在。因此全部问题在于确定民主的真正意义。'实现民主政治的形式是丰富多彩的，不能拘泥于刻板的模式。实践充分证明，中国式民主在中国行得通、很管用。新形势下，我们必须把人民政协制度坚持好、把人民政协事业发展好，增强开展统一战线工作的责任担当，把更多的人团结在党的周围。"① 人民政协作为人民民主形式，之所以行得通、很管用，就在于作为中国特色的制度安排，人民政协是介于政党、国家、社会之间的重要组织机制，是协调中国政治关系、社会关系和利益关系的重要制度平台，是执政的中国共产党处理党与非党、党与国家政权、与社会关系的重要渠道。政协有系统的组织，是自下而上汇集民意、层层协商的互动交流民主形式。

　　实现人民当家作主并不是抽象的意识形态教化或政治口号，而是需要落实到国家政治生活和社会生活的方方面面，转化为切实可行的实践举措。通过社会主义革命和建设，我们构建了人民当家作主的制度体系。我国实行工人阶级领导的、以工农联盟为基础的人民民主专政的国体，实行人民代表大会制度的政体，实行中国共产党领导的多党合作和政治协商制度、民族区域自治制度、基层群众自治制度等基本政治制度，巩固和发展最广泛的爱国统一战线，形成了全面、广泛、有机衔接的人民当家作主制度体系，构建了多样、畅通、有序的民主渠道。全体人民依法实行民主选举、民主协商、民主决策、民主管理、民主监督，依法通过各种途径和形式管理国家事务，管理经济和文化事业，管理社会事务。全过程人民民主有着国体、政体、政党制度等方面的坚实制度保障，这些制度在不断的发展完善中，探索出鲜活的实践经验，这些经验是守正创新取得的积极成果，内在地契合了人民当家作主的民主本质和核心，揭示了民主的真谛，承载了民主的价值，提升了民主的品质，印证了全过程人民民主"是最广

---

① 习近平:《在中央政协工作会议暨庆祝中国人民政治协商会议成立70周年大会上的讲话》，《中国政协》2019年第18期。

泛、最真实、最管用的社会主义民主"。

习近平总书记在中央人大工作会议上的重要讲话中指出："民主不是装饰品，不是用来做摆设的，而是要用来解决人民需要解决的问题的。一个国家民主不民主，关键在于是不是真正做到了人民当家作主，要看人民有没有投票权，更要看人民有没有广泛参与权；要看人民在选举过程中得到了什么口头许诺，更要看选举后这些承诺实现了多少；要看制度和法律规定了什么样的政治程序和政治规则，更要看这些制度和法律是不是真正得到了执行；要看权力运行规则和程序是否民主，更要看权力是否真正受到人民监督和制约。如果人民只有在投票时被唤醒、投票后就进入休眠期，只有竞选时聆听天花乱坠的口号、竞选后就毫无发言权，只有拉票时受宠、选举后就被冷落，这样的民主不是真正的民主。""我国全过程人民民主实现了过程民主和成果民主、程序民主和实质民主、直接民主和间接民主、人民民主和国家意志相统一，是全链条、全方位、全覆盖的民主，是最广泛、最真实、最管用的社会主义民主。"①

我国全过程人民民主不仅有完整的制度程序，而且有完整的参与实践。人民代表大会制度通过普遍的民主选举，产生各级人大代表，组成各级人民代表大会，代表人民行使国家权力，对人民负责、受人民监督。人大代表来自人民，横向上，来自各地区、各民族、各方面、各阶层；纵向上，全国、省（自治区、直辖市）、市、县、乡五级都有人民代表大会，具有广泛代表性。从国家到乡镇的中国五级人大代表为数262万多名，其中占比95%的县乡人大代表，都是由选民一人一票直选产生。全国政协设34个界别，由中国共产党、各民主党派、无党派人士、人民团体、各少数民族和各界的代表、香港特别行政区同胞、澳门特别行政区同胞、台湾同胞和归国侨胞的代表以及特别邀请的人士组成。十四届政协全国委员会现有委员2169名，其中，非中共委员占60.8%。全国政协十四届一次会议新当选的全国政协副主席中，中共党员11名，非中共人士12名。新

---

① 习近平：《在中央人大工作会议上的讲话》，《求是》2022年第5期。

当选的常务委员中非中共人士 195 名，占 65.2%；全国各级政协组织中共有 41 万余名党外代表人士担任政协委员。这样的组织构成，体现了大团结大联合的重要特征。在人民政协制度平台上，各党派团体、各族各界人士发挥在界别群众中的代表作用，通过全体会议、常委会会议、主席会议、专门委员会会议、专题协商会议、协商座谈会议等，开展提案、委员视察考察、专题调研、反映社情民意等经常性工作，对国家大政方针、经济社会各领域重要问题，在决策之前和决策实施之中进行广泛协商、平等协商、有序协商、真诚协商。每年，全国政协全体会议与全国人大会议同期召开，政协委员不仅要讨论政协的问题，还要列席全国人大会议，参加对有关法律修改、"一府两院"工作报告等的讨论。全国政协全体会议与全国人大会议每年同期召开，政协委员不仅要讨论政协的问题，还要列席全国人大会议，参加对有关法律修改、"一府两院"工作报告等的讨论。"两会"作为中国的最高政治平台，不仅是中国特色社会主义政治制度的一种仪式展示，更是富含"中国式民主"规则和内容的一种实体运行。人民代表大会制度和中国共产党领导的多党合作和政治协商制度，一个是中国的根本政治制度，一个是中国的一项基本政治制度，前者是政权制度，后者是政党制度，一个侧重治国理政的运行实施，一个侧重大政方针的谋划协商。在这套独具匠心的制度设计护佑下，我们的政治运行有效杜绝了不同政治力量排斥异己、相互倾轧的恶斗，克服了决策中情况不明、自以为是的弊端，保证了人民能够广泛参与到国家治理和社会治理中来，汇聚起推进社会进步的智慧和力量。

在人民政协这一民主形式中，各级政协参加单位、政协委员、各民主党派和工商联成员及无党派人士，在深入了解民情、充分体察民意、广泛集中民智的基础上，围绕国家政治、经济、文化、社会生活和生态环境等方面的重要问题，以及人民群众普遍关心的问题，通过政协渠道向党委、政府及有关部门反映情况，提出意见和建议。而人民政协作为统一战线组织以民主和团结作为自己的主题，并将充分协商、增进共识贯穿于履职的各个环节。畅通了社会各界有序政治参与渠道，搭建了能积极有效地履行政治协商、民主监督、参政议政的活动平台，增强了民众政治参与的广泛性、社会各阶层利益的代表性和包容性，弥补了代议制按人口比例选代表的局限性，凸显了人民民主兼顾多数与少数、统筹群众与精英的制度优势。

党的二十大报告指出，我们要健全人民当家作主制度体系，扩大人民有序政治参与，保证人民依法实行民主选举、民主协商、民主决策、民主管理、民主监督，发挥人民群众积极性、主动性、创造性，巩固和发展生动活泼、安定团结的政治局面。

从功能上看，人民政协协商民主是公民实现广泛而有序的政治参与的重要方式。不仅在于人民政协通过系统的组织团结广泛的协商主体，还在于协商民主内容的广泛，既有关系国计民生的重大问题，又有影响群众具体利益的各项决策，涉及经济、政治、文化、社会各个方面。通过这一协商渠道，把基层多样化的意见、愿望和要求，经政协协商综合后上达。这样广泛而有序的政治参与，正好契合改革开放以来，社会发展呈现出利益多元化、组织多样化、阶层结构复杂化的特点。从制度上看，政协协商具有尊重多数、包容少数的民主特点，能够使各方面的意见特别是不同的意见、建议得以发表和尊重。有利于包容和吸纳各种利益诉求。从顶层设计看，政协协商作为党和国家全局工作的重要组成部分，与执政党建设息息相关，在巩固党的执政基础、提升党的执政能力方面具有十分重要的作用。中国共产党执政的根基在于人民群众的拥护和支持。党要巩固和增强执政的根基，就要发挥自身的利益整合功能，尽可能地通过各方面的民主参与赢得人民普遍的认同、拥护和支持。正是由于人民政协所具有的政治吸纳、诉求表达、民主监督等独特功能，使中国这样一个超大国家、超大社会在制度上达成一种有机团结的机制，使中国共产党的执政基础更加牢固。

第 三 章

发挥人民政协专门协商机构作用

在庆祝人民政协成立 65 周年大会讲话中，习近平总书记指出："人民政协以宪法、政协章程和相关政策为依据，以中国共产党领导的多党合作和政治协商制度为保障，集协商、监督、参与、合作于一体，是社会主义协商民主的重要渠道。人民政协要发挥作为专门协商机构的作用。"[①] 将人民政协定位为专门协商机构，凸显了新时代人民政协在社会主义协商民主中的特殊地位和在国家治理体系中的独特优势。无论是从我国政治制度体系的有机构成来看，还是从人民政协自身的性质职能及其运行实践来看，专门协商机构充分体现了人民政协的典型特征和具体职能。专门协商机构综合承载政协性质定位，在协商中促进广泛团结、推动多党合作、实践人民民主，既秉承历史传统，又反映时代特征，是新时代赋予人民政协职能定位的新内涵。新时代人民政协工作的创新发展，必须在国家治理体系和治理能力现代化的大背景下，准确机构定位，突出制度功能，发挥作为专门协商机构的作用。

---

① 习近平：《在庆祝中国人民政治协商会议成立 65 周年大会上的讲话》，《人民日报》2014 年 9 月 22 日，第 1 版。

第一节 社会主义协商民主与人民政协

党的十八大以来，发展社会主义协商民主成为新一代中央领导集体治国理政的重要方略和战略部署。善于通过协商民主这一重要方式实现中国共产党的领导、创新和提升国家治理体系和治理能力，已经成为新时代中国特色社会主义发展完善的一个重要特征。社会主义协商民主打开了中国政治体制改革和民主政治发展的新视野，人民政协是包含其中的应有之义。"社会主义协商民主制度正是由于内生于我们党领导的统一战线这一独特政治生态之中，从而在人民政协这一重要的统一战线组织和制度中获得了发展和拓展。"[①] 我国的协商民主，是中国共产党在民主革命时期创造的具有中国特色的民主政治形式。中国共产党运用统一战线这一法宝，与不同的社会阶级、阶层、政党和团体进行政治协商，从胜利的经验中提炼出中国新型政党制度及其组织形式和政治形式——人民政协，并使之成为党领导人民治国理政的重要机制。

一、社会主义协商民主的制度设计

尽管"协商"这一概念在我国历史悠久，但是，"协商民主"在 21 世纪初才出现在我国的政治话语中，2012 年 11 月，"协商民主"第一次写进党的十八大文件。我国社会主义协商民主内生于新中国创立与发展的具体历史实践，经过长期探索，建立起符合中国国情的中国特色社会主义民主政治制度，是中国共产党创立的政治协商实践发展的逻辑必然；协商民主在我国有很大的发展和作为空间。

社会主义协商民主，是中国共产党领导中国人民革命的过程中创造出来的、符合中国实际的民主形式，是中国共产党对新民主、新政权积极探索的成果。早在抗日战争时期，中国共产党在延安边区和所有抗日根据

---

① 蒋锐、鲁法芹：《对"统一战线是党的重要法宝"的再认识》，《中央社会主义学院学报》2016 年第 4 期。

地按"三三制"原则建立各级政权组织,在政权建设过程中,采用了先协商后决议、先协商后票决两种民主形式的有机组合,并在边区政府建立了"个别谈心""小型座谈会"等一系列相配套的制度,"这些举措是中国共产党对未来人民民主国家的政治制度和政党制度的科学试验。这种试验是建立在深刻认识中国特殊的阶级阶层结构和社会现实状况的基础上……共产党不包办国是,而与其他阶级阶层和各界人士共商国是,开启了中国共产党与社会各界政治代表、民主人士实行民主合作、共建民主政权的伟大创举"[①]。1946年,主要由中国国民党、中国共产党召集召开的政治协商会议,以期通过政治协商的形式来实现国民党、共产党和各民主党派和平建国的方案。1949年,新政协会议召开,标志着中国共产党领导的多党合作和政治协商制度正式确立,政党间的民主协商有了制度基础。

中华人民共和国建立初期,中国共产党始终秉持毛泽东提出的"国事是国家的公事,不是一党一派的私事"[②]的精神,坚持平等协商原则,凡是重大方针政策、法律法规、重要事务、领导建议人选等都要事先进行政治协商,以协商求共识。这一时期,根据形势和任务的需要,中国共产党和各民主党派、无党派人士创造了"双周座谈会""协商座谈会""最高国务会议"等行之有效的协商形式。

改革开放后,为了应对日益发展的社会问题,1987年党的十三大提出了构建社会协商对话制度的构想,十三大报告提出:"必须使社会协商对话形成制度,及时地、畅通地、准确地做到下情上达,上情下达,彼此沟通,互相理解。"[③]这种表述将传统上我们所认为的中国的政治协商制度扩展到整个社会生活领域里。

20世纪90年代,江泽民同志在七届全国人大四次会议和全国政协七届四次会议上的讲话,较早提出我国民主有两种形式;2005年《中共中

---

① 李金河:《如何正确认识社会主义协商民主》,《中央社会主义学院学报》2014年第1期。
② 《毛泽东选集》第3卷,人民出版社1991年版,第809页。
③ 《政治体制改革提上全党日程时机已成熟》,《人民日报》1987年10月26日,第2版。

央关于加强中国共产党领导的多党合作和政治协商制度的意见》(以下简称"5号文件")提出:"把政治协商纳入决策程序,就重大问题在决策前和决策执行中进行协商,是政治协商的重要原则。"[①]2006年《中共中央关于加强人民政协工作的意见》指出:"人民通过选举、投票行使权利和人民内部各方面在重大决策前进行充分协商,尽可能就共同性问题取得一致意见,是我国社会主义民主的两种重要形式。"[②]2007年《中国的政党制度》白皮书第一次正式提出了"选举民主和协商民主"的概念,指出:"选举民主与协商民主相结合,是中国社会主义民主的一大特点。在中国,人民代表大会制度与中国共产党领导的多党合作和政治协商制度,有着相辅相成的作用。人民通过选举、投票行使权利和人民内部各方面在作出重大决策之前进行充分协商,尽可能取得一致意见,是社会主义民主的两种重要形式。选举民主与协商民主相结合,拓展了社会主义民主的深度和广度。"[③]2008年国务院颁发的《关于加强市县政府依法行政的决定》深化了公民参与权的具体内涵,要求推行重大行政决策听证制度,"听证应当公开举行,确保听证参加人对有关事实和法律问题进行平等、充分的质证和辩论"[④],这是在政府行政领域深化公民政治参与推行政府公共事务协商辩论的一个重要事项,它表明我国的协商民主实践已经有了新的领域新的拓展。至此,"协商民主"成为我们民主政治建设的关键词。

2012年,党的十八大报告首次明确提出"健全社会主义协商民主制度",并将其作为坚持走中国特色社会主义政治发展道路和推进政治体制改革的重要组成部分。十八届三中全会进一步指出,要"推进协商民主广泛多层制度化发展"。习近平总书记在十九大报告中24次提到"协商",

---

① 中央社会主义学院编著,楼志豪,朱晓明主编:《〈中共中央关于进一步加强中国共产党领导的多党合作和政治协商制度建设的意见〉专题讲座》,华文出版社2005年版,第12页。
② 《中共中央关于加强人民政协工作的意见》(摘要),《人民日报》2006年3月2日,第1版。
③ 中华人民共和国国务院新闻办公室:《中国的政党制度》,《人民日报》2007年11月16日,第15版。
④ 《国务院关于加强市县政府依法行政的决定》,《人民日报》2008年6月19日,第7版。

强调:"有事好商量,众人的事情由众人商量,是人民民主的真谛。"①可以说,我们党"第一次将协商民主提升到人民民主的高度,将其界定为我国社会主义民主政治的特有形式和独特优势;第一次将协商民主界定为群众路线在政治领域的重要体现,充分体现了社会主义协商民主的价值追求;第一次把民主协商和民主选举、民主决策、民主管理、民主监督一起作为有序参与的重要环节;第一次系统规划了七种主要协商渠道,将协商民主全面嵌入党和国家治理的重大决策过程"②。

协商,作为广泛运用的民主形式,在不同国家政治制度中均有不同程度、不同形式的体现。但没有一个国家像中国这样有着悠久深厚的协商文化、有人民群众的广泛参与,也没有一个国家像中国这样设立一个专门的协商机构——人民政协,推进社会主义协商民主广泛、多层、制度化发展。2014年9月,习近平总书记在庆祝中国人民政协成立65周年大会讲话中指出:"协商民主是中国社会主义民主政治中独特的、独有的、独到的民主形式,它源自中华民族长期形成的天下为公、兼容并蓄、求同存异等优秀政治文化,源自近代以后中国政治发展的现实进程,源自中国共产党领导人民进行革命、建设、改革的长期实践,源自新中国成立后各党派、各团体、各民族、各阶层、各界人士在政治制度上共同实现的伟大创造,源自改革开放以来中国在政治体制上的不断创新,具有深厚的文化基础、理论基础、实践基础、制度基础。"③21世纪以来西方与中国对协商民主的共同关注,不仅是一种巧合与呼应,也显示了人类在追求民主实质上的共同探索。对西方协商民主的研究也使我们自己更加珍视已有的民主协商的传统,并将其上升为"社会主义协商民主"的制度安排。在当代中国,"协商民主"的"协商"与中国特有的政治协商制度中的"协商"是

---

① 习近平:《决胜全面建成小康社会 夺取新时代中国特色社会主义伟大胜利——在中国共产党第十九次全国代表大会上的报告》,人民出版社2017年版,第37—38页。

② 潘岳:《着力发展新时代协商民主》,《学习时报》2019年3月8日。

③ 习近平:《在庆祝中国人民政治协商会议成立65周年大会上的讲话》,《人民日报》2014年9月22日,第2版。

同一个概念，它强调民主需要建立在各方协商基础之上，这与强调通过强化民主过程中的公民商议的西方协商民主显然不同。中国协商民主将协商视为民主本身，既是对所有民主主体的要求，又是对整个民主过程的要求。中国协商民主一定包含西方协商民主的一些形式和内容，而西方协商民主无论如何都无法达到中国协商民主这个层次。中国的协商民主是中国以民主共和原则建设社会主义现代化国家所创造的中国特色的民主政治。①

习近平总书记在庆祝中国人民政治协商会议成立65周年大会上围绕"社会主义协商民主"这一主题，提出了一系列新思想新论断。2015年，中共中央印发了指导社会主义协商民主建设的纲领性文件《关于加强社会主义协商民主建设的意见》，正式界定了我国的社会主义协商民主的内涵是："协商民主是在中国共产党领导下，人民内部各方面围绕改革发展稳定重大问题和涉及群众切身利益的实际问题，在决策之前和决策实施之中开展广泛协商，努力形成共识的重要民主形式。"② 党的十九大报告指出："要推动协商民主广泛、多层、制度化发展……加强协商民主制度建设。"③ 习近平总书记强调："要通过各种途径、各种渠道、各种方式就改革发展稳定重大问题特别是事关人民群众切身利益的问题进行广泛协商，既尊重多数人的意愿，又照顾少数人的合理要求，广纳群言、广集民智，增进共识、增强合力。要拓宽中国共产党、人民代表大会、人民政府、人民政协、民主党派、人民团体、基层组织、企事业单位、社会组织、各类智库等的协商渠道，深入开展政治协商、立法协商、行政协商、民主协商、社会协商、基层协商等多种协商，建立健全提案、会议、座谈、论证、听证、公示、评估、咨询、网络等多种协商方式，不断提高协商民主的科学

---

① 林尚立：《协商民主是我国民主政治的特有形式和独特优势》，《求是》2014年第6期。
② 《中共中央印发〈关于加强社会主义协商民主建设的意见〉》，《人民日报》2015年2月10日，第1版。
③ 习近平：《决胜全面建成小康社会 夺取新时代中国特色社会主义伟大胜利——在中国共产党第十九次全国代表大会上的报告》，人民出版社2017年版，第38页。

性和实效性。"①这些话语概括了社会主义协商民主的基本内涵,奠定了我国发展社会主义协商民主的基调和共识。

应该说,十八大之后,我们对社会主义协商民主的全面推进和深化,既不是心血来潮,也不是偶然应景,而是在深思熟虑的基础上对我们民主理论发展和实践经验的科学总结。党和国家发展社会主义民主政治,就是要体现人民意志、保障人民权益、激发人民创造活力,用制度体系保障人民当家作主。十八大以来,党中央全方位推进社会主义协商民主,构建起全方位、多样化的协商民主新格局,目的也在于此。

二、专门协商机构

2013年,党的十八届三中全会通过了《中共中央关于全面深化改革若干重大问题的决定》,从顶层设计的高度,在"完善和发展中国特色社会主义制度,推进国家治理体系和治理能力现代化"这一全面深化改革的总目标下,强调了"构建程序合理、环节完整的协商民主体系,拓宽国家政权机关、政协组织、党派团体、基层组织、社会组织的协商渠道。深入开展立法协商、行政协商、民主协商、参政协商、社会协商"②的改革目标,由此开启了我国协商民主建设的全方位实践。从这一改革目标看,人民政协的协商只是社会主义协商民主中的协商渠道之一,但这"之一"不是简单的"一份",而是有其特殊的含义和分量。2015年中共中央办公厅通过的《关于加强人民政协协商民主建设的实施意见》中提出:"充分发挥人民政协作为协商民主重要渠道和专门协商机构的作用,有利于广纳群言、广谋良策、广聚共识,有利于促进党和政府决策科学化、民主化,有利于更好实现人民当家作主,有利于化解矛盾、促进社会和谐稳定,有利

---

① 习近平:《在庆祝中国人民政治协商会议成立65周年大会上的讲话》,《人民日报》2014年9月22日,第2版。

② 《中共中央关于全面深化改革若干重大问题的决定》,人民出版社2013年版,第30页。

于推进国家治理体系和治理能力现代化。"①从这些论述可以看出，政协协商与党委、政府、人大重要工作高度衔接，是融汇、联结、沟通其他协商渠道的重要中轴。

继在庆祝中国人民政治协商会议成立65周年大会上强调"人民政协要发挥作为专门协商机构的作用"后，2018年11月，习近平总书记指出：推动人民政协这一具有中国特色的制度安排更加成熟更加定型、发挥好专门协商机构的作用是人民政协在新时代的新方位和新使命。②2019年9月20日，习近平总书记在中央政协工作会议暨庆祝中国人民政治协商会议成立70周年大会上的讲话中，指出当前和今后一个时期人民政协要重点抓好的三项工作，第一项就是"发挥人民政协专门协商机构作用"③。"专门协商机构"已经成为新时代人民政协的首要标签。确实，人民政协成立70多年来，从"协商建国"到"协商治国"，从政治协商、民主协商、协商民主到"专门协商机构"，"协商"始终是人民政协工作不变的主题和价值内核。作为我国政治体制中"最具广泛的代表性和最大政治包容性的组织"，人民政协广泛包含了政党、人民团体、社会各界、民族、社会组织，乃至有代表性的个人，涉及了政党关系、党群关系、政群关系、民族关系、宗教关系以及社会各界的内部关系等。人民政协的工作，就是发展协商民主的工作；人民政协的基本职能就是组织参加政协的各党派、各团体、各民族以及各界代表人士开展民主协商活动，人民政协在本质上就是一个实行协商民主的组织载体。人民政协以协商民主的方式，助推着执政党与民主党派、国家与社会、政府与民间、体制内部门与体制外力量的良性互动，起到人民内部多方面意见沟通、信息传导、协同发展的枢纽作

---

① 《中办印发〈关于加强人民政协协商民主建设的实施意见〉》，《人民日报》2015年6月26日，第1版。

② 张庆黎：《新时代人民政协工作的行动指南——学习习近平总书记关于加强和改进人民政协工作的重要思想》，《求是》2019年第5期。

③ 习近平：《在中央政协工作会议暨庆祝中国人民政治协商会议成立70周年大会上的讲话》，《中国政协》2019年第18期。

用。在这个平台上,各种社会意愿、利益诉求都可以平等表达、充分商讨,以最大的包容性实现中国共产党领导的各党派、各团体、各民族、各阶层的团结一致,从而为中国的政治稳定和力量凝聚做出贡献。

定义人民政协为"专门协商机构",是相对于其他协商渠道来讲,人民政协的机构设置、组织体系都是围绕着协商活动而开展的。政协全国委员会由34个界别构成,每一个界别都充分吸纳和囊括了所在领域代表性人士;政协全国委员会分为10个专门委员会,同时政协各级地方委员会也基本参考全国委员会进行专门委员会的划分。通过划分界别和专门委员会,人民政协可以有效组织相关领域的委员针对经济社会发展中的重要问题进行交流协商,通过广泛的政治参与、协商活动为党和国家科学、民主决策贡献智慧、为改革开放凝心聚力。在机构定位上,人民政协相对于政党、人大、政府、社会组织、人民团体有更独特的角色要求,人民政协从事"专门"协商,也是贯通其他协商渠道的制度平台。同时,作为一个"机构",人民政协是协商议政机构,不是决策机构,是协商机构,不是协商主体。这种既置身其中又超脱之外的地位,具有较强的专门协商保障性。协商是政协工作的基本方法,是各党派团体和各族各界人士发扬民主、参与国是、团结合作的重要平台。在长期实践中,人民政协坚持民主协商、平等议事的工作方法,形成求同存异、体谅包容的优良传统,营造知无不言、言无不尽、融洽和谐、生动活泼的民主氛围,这些既是政协工作的特点,也是政协机构的优势。

人民政协的组织特性决定了它是介于政党、国家、社会之间的重要协调机制和制度力量,是协调中国政治关系、社会关系和利益关系的重要制度平台;人民政协组织结构上的广泛性、包容性和开放性使它成为下通各界、上达中央、沟通社会的制度中介和中枢网络。政协的一个界别就是一条保障和扩大公民有序政治参与的民主渠道,一条党和政府密切联系群众的团结渠道,一条广纳民意、广集民智的咨询渠道。每年年初,人民代表大会和政治协商会议同时召开,成为对我国政治、经济、文化、社会发展有着决定性影响的盛会,为社会各界和人民群众提供了有序政治参与的良好契机。我国的"两会制"体现了代议民主与协商民主有机结合,形成了区域与界别纵横交错的表达机制;完善了主权在民与精英参政内在统一的运作方式。"每年对两会的报道和电视直播,也使人民政协的政治协商成为传播政治知识和实现政治社会化的重要课堂。"[①]通过人大与政协两种民主形式的互动,完成现代政治结构的民主功能,实现"民意输入"与"政策输出"的良性互动。

三、专门协商机构的独特优势

作为专门协商机构,人民政协在70多年的发展历程中总结了可贵的协商经验,秉持了优良的协商传统,创造了先进的协商文化,形成了完整的制度规范,可以说是我国所有协商民主形式当中资源最丰富、制度最完善、实践最多样、平台最开放的协商渠道和民主形式。

(一)人民政协具有鲜明的政治优势

人民政协是中国共产党领导各民主党派、无党派人士、人民团体和各族各界人士在政治制度上进行的伟大创造。从人民政协建立的历史看,坚持中国共产党的领导是人民政协的共识和初心所在。"坚持人民政协作为中国共产党领导的统一战线组织的性质定位,不仅是历史的必然,而且是现实的要求,它能够增强各党派团体和各界代表人士履职方向上的原则性,更好地发挥我国基本政治制度和新型政党制度的特点和优势;能够用制度规范政协行为,明确协商方向和边界,确保党对政协各项工作领导不动摇,更好地发挥人民政协作为专门协商机构的作用;能够更有效地规范人民政协的组织和活动,有利于推进国家治理体系现代化,更好地发挥人民政协在国家治理体系中的特色和优势。"[②]因此,旗帜鲜明讲政治是人民

[①] 周淑真:《论中国人民政治协商会议的制度意义》,《人民政协报》2007年1月29日,第11版。
[②] 刘佳义:《坚持中国共产党的领导是人民政协的共识和初心所在》,《人民政协报》2019年7月26日,第3版。

政协作为政治组织的基本要求,也是人民政协能够成功实现协商民主的政治优势。

人民政协作为专门协商机构,在政治上以"中国共产党领导的多党合作和政治协商制度"为根本保障,以宪法法律、政协章程及相关文件政策为基本依据,为不同党派和社会各界提供了制度化协商渠道。在政治协商过程中,人民政协一直注重加强政治引领,使社会各界人士在立场、道路、原则、旗帜等根本问题上与共产党保持高度一致,与共产党同心同德、群策群力,在经济、政治、民生等重大问题上坚持通过开展调研、研讨、协商,将党的意志转化为各界共识,形成社会最大公约数,通过多种协商途径转化为国家和地区健康发展的政策方略,形成社会治理要求与党和国家制度相互调适的程序化渠道、良性化循环,从而达成在中国共产党领导下的大团结大联合。

(二)人民政协具有完备的协商组织保障

从性质上讲,人民政协不是权力机关,不是决策机构,不是西方参议院那样的分权机构,也不是反对党发出不同声音的地方。人民政协因其典型的统一战线组织特色,成为我国唯一党外人士占大多数的政治组织,一个置身于政治体系之内但又独立于权力体系之外的专门协商机构。政协委员与人大代表的构成不同,是社会各个领域界别的代表而不是地区、部门代表;政协委员各自的背景不同,对具体问题的意见也存在不同。但不同的意见经过协商、讨论,可能形成一个更加切合实际、更加有针对性、更加可行的建议。这种超越部门利益羁绊、不受其他职责目标影响的超脱地位正是人民政协开展客观理性的协商活动的独特组织优势,也是人民政协不可替代功能的根基所在。

从组织体系的客观构成来看,人民政协在纵向上具备全国、省(直辖市、自治区)、市、县完整的四级组织体系,能够为协商民主提供自上而下、上通下达、渠道畅通、完整系统的规范化组织保障;在横向上,人民政协拥有常委会、专门委员会、界别活动组等丰富多样的组织形式,这种纵横覆盖的建言议政网络为政协协商提供了无可比拟的组织优势。人民政协的专门委员会在组织专题协商、调研视察、对口协商中发挥组织、联络功能；界别活动突出界别协商的整体性和差异性，组织委员有效履行协商活动展示本界别的特色智慧。

（三）人民政协具备完善的协商制度体系

人民政协成立70多年来，在中共中央的高度重视下，逐步建立了由宪法、中央文件、政协章程、规定、会议和经常性工作规则等组成的系统制度体系，人民政协的政治协商职能得以不断强化。尤其是党的十八大以来，以习近平同志为核心的新一届中央领导集体将社会主义协商民主作为治国理政的新战略并纳入全面深化改革的重要目标。2015年，中共中央印发的《关于加强社会主义协商民主建设的意见》明确了政协协商在创新国家治理和提升民主品质方面的制度优势和发展重点，同年，中共中央办公厅印发了《关于加强人民政协协商民主建设的实施意见》，为政协协商的制度化、规范化和程序化奠定了基础。

改革开放进入新时代，人民政协以习近平总书记关于加强和改进人民政协工作的重要思想为指导，大力推进人民政协作为社会主义协商民主"专门协商机构"的制度建设，建立健全以政协章程为基础，以协商制度为主干，覆盖政协党的建设、职能履行、组织管理、评价体系等各方面的详细规范，形成确保政协协商有制可依、有规可守、有章可循、有序可遵的制度运行体系。人民政协通过不断建立健全会议组织、履职活动等规则，完善党和政府领导同志出席政协全体会议、常务委员会会议，听取大会发言参加会议分组讨论协商等工作规范。从提质增效出发，2019年政协第十三届全国委员会通过了《全国政协关于进一步提高协商议政质量的意见（试行）》《全国政协协商议政质量评价工作办法（试行）》等规范性文件，对政协协商整体程序、操作办法和关键环节提出细化标准和具体要求。

（四）人民政协具备形式多样的协商平台和开放表达渠道

改革开放以来，人民政协在继承中发展，在发展中创新，持续完善以全体会议为龙头,以专题议政性常务委员会会议和专题协商会为重点,以协商座谈会、对口协商会、提案办理协商会等会议为常态的协商议政格局,积极开发界别协商的发展潜力,使政协这一专门协商机构的协商活动更加常态化、密集化。十三届全国政协以来,双周协商、远程协商、界别协商、专家协商、提案办理协商、对口协商、调研协商等多种形式的协商座谈会,极大丰富了人民政协专门协商机构内涵,增强了人民政协助推国家治理效能。同时,以协商民主的基本规则和精神为标准,对各种协商议政活动进行程序、细节的精准完善,比如,协商前提前聚焦提炼议题,保持议题的持续跟进;协商过程更加注重互动交流,营造活跃、生动的协商氛围,突出协商实效。十三届全国政协健全工作制度机制,准确把握各类协商形式的不同特点,健全制度规范,提升搭台能力,继续探索深度协商的多种有效方式,拓展政协协商的空间和深度,建立近百项工作制度,制定各类协商工作规则,修订专门委员会通则和工作指南,有力推动了专门协商机构建设和专委会工作制度化规范化。

《关于加强人民政协协商民主建设的实施意见》对政协协商的界定是:"人民政协协商民主是在中国共产党领导下,参加人民政协的各党派团体、各族各界人士履行政治协商、民主监督、参政议政职能,围绕改革发展稳定重大问题和涉及群众切身利益的实际问题,在决策之前和决策实施之中广泛协商、凝聚共识的重要民主形式。"[①] 人民政协所具有的智力雄厚、代表性强、位置超脱、下通各界、上达中央的独特优势,使它可以深入研究一些宏观问题,提出有分量的意见和建议。政协协商是一种具有全局性、根本性、前瞻性的协商,显示了它作为专门协商机构的不可替代性和独特性。在渠道优势上,各个阶层、各个界别的意见建议通过政协协商,上可直达中央的最高决策,下可沟通基层的呼吁和反映,通过对国家大政方针和地方的重要举措以及政治、经济、文化、社会生活和生态环境

---

① 《中办印发〈关于加强人民政协协商民主建设的实施意见〉》,《人民日报》2015年6月26日,第1版。

等方面的重要问题进行深入讨论，与政党协商、社会协商、基层协商发生有序的、良性的循环反应，起到承上启下、协商沟通的作用。

第二节 人民政协性质定位的综合承载

人民政协是专门协商机构，这既是对政协的性质定位，也是对政协的工作定位。我们要从历史与现实、理论与实践的结合中理解和把握这一重大论断。一方面，专门协商机构综合承载了人民政协作为统一战线的组织、多党合作和政治协商的机构、人民民主的重要实现形式的性质定位。另一方面，发挥人民政协作为专门协商机构的作用，符合坚持和完善中国特色社会主义制度、推进国家治理体系和治理能力现代化的要求，有利于体现人民政协在我国政治体制和国家治理体系中的职责地位，彰显中国特色社会主义民主政治"我有你没有，我能你不能"的独特优势。

一、人民政协性质定位的历史演变

所谓性质，是指事物的本质，是一个事物所具有的区别于其他事物的根本属性。人民政协的性质定位是人民政协开展各项工作的根本性和方向性问题。"人民政协是什么"决定着"人民政协干什么"和"人民政协怎么干"。人民政协的性质定位在一定程度上决定了它所能发挥功用的广度和深度。人民政协成立70多年来，在不同的历史阶段，其性质和作用有不同的表述，对人民政协的定位也经历了一个长期的演变过程。

在人民政协从新民主主义革命到社会主义革命以至社会主义建设的变迁历程中，人民政协主要是统一战线性质的，其表述随着统一战线在不同历史阶段的作用体现出不同的特征。中国人民政治协商会议第一届全体会议制定的《中国人民政治协商会议共同纲领》序言中明确指出："由中国共产党、各民主党派、各人民团体、各地区、人民解放军、各少数民族、国外华侨及其他爱国民主分子的代表组成的中国人民政治协商会议,就是人民民主统一战线的组织形式。"①1951年7月印发的《关于各省市各界人民代表会议协商委员会工作的意见》表明:"协商委员会是各民主党派、人民团体和民主人士的政治协商机关,又是经过各民主党派、人民团体和民主人士去团结各民主阶级的统一战线组织。""协商委员会不是政权机关,也不是政府的隶属机关,而是协商、建议机关,它对政府的关系是协商、建议和协助政府联系人民推动工作的关系。"②1954年全国人民代表大会召开后,人民政协作为统一战线组织继续发挥重要作用。毛泽东同志针对一些人提出人大召开后政协还要不要存在的疑问,明确提出"人民代表大会是国家权力机关,有了人大,并不妨碍我们成立政协进行政治协商……政协不仅是人民团体,而且是各党派的协商机关,是党派性的机关"。③

1954年通过的《中国人民政治协商会议章程》在总纲中明确:"但是中国人民政治协商会议,作为团结全国各民族、各民主阶级、各民主党派、各人民团体、国外华侨和其他爱国民主人士的人民民主统一战线的组织,仍然需要存在。"

1978年后,我国进入改革开放和社会主义现代化建设新时期,邓小平同志明确提出了新时期人民政协的性质和任务。1980年9月29日,他在政协章程修改委员会第一次全体会议上又强调:"人民政协是巩固和扩大我国革命的爱国统一战线的重要组织,也是我国政治体制中发扬社会主义民主和实行互相监督的重要形式。"④1982年政协五届五次会议通过的《中国人民政治协商会议章程》也将人民政协性质定位为"中国人民爱

---

① 政协全国委员会办公厅,中共中央文献研究室编:《人民政协重要文献选编》(上),中央文献出版社、中国文史出版社2009年版,第80页。

② 陈喜庆:《关于人民政协作为统一战线组织形式的几个问题》,《人民政协报》2016年12月28日,第8版。

③ 政协全国委员会办公厅,中共中央文献研究室编:《人民政协重要文献选编》(上),中央文献出版社、中国文史出版社2009年版,第212页。

④ 政协全国委员会办公厅,中共中央文献研究室编:《人民政协重要文献选编》(中),中央文献出版社、中国文史出版社2009年版,第369页。

国统一战线组织",但又加上了"中国人民政治协商会议是我国政治生活中发扬社会主义民主的一种重要形式"。同时,本次章程也首次明确人民政协的两大职能:"对国家的大政方针和群众生活的重要问题进行政治协商,并通过建议和批评发挥民主监督作用。"①1989年颁发的《中共中央关于坚持和完善中国共产党领导的多党合作和政治协商制度的意见》中,用两句话概括了人民政协的性质:"人民政协是我国爱国统一战线组织,也是共产党领导的多党合作和政治协商的一种重要组织形式。"②1994年3月全国政协八届二次会议修订的《中国人民政治协商会议章程》将人民政协性质用规范性语言表述为——"中国人民政治协商会议是我国最广泛的爱国统一战线组织,是中国共产党领导的多党合作和政治协商的重要机构。"③2004年3月全国政协十届二次会议修订的《中国人民政治协商会议章程》形成了关于人民政协性质"三句话"的表述:"中国人民政治协商会议是中国人民爱国统一战线的组织,是中国共产党领导的多党合作和政治协商的重要机构,是我国政治生活中发扬社会主义民主的重要形式。"④同时也首次明确了人民政协政治协商、民主监督、参政议政三大职能。可以说,政协性质职能定位的发展变迁,反映了党和国家不同时期中心任务的不同,适应了改革开放后我国社会的深刻变化和统一战线范围的变化,同时也适应了社会主义现代化建设和民主政治发展的内在要求。

党的十八大以来,新一代中央领导集体明确提出建设社会主义协商民主,如何充分发挥人民政协在社会主义协商民主体系中的独特作用成为社会主义民主政治发展中必须面对的问题。习近平总书记多次就政协工作发表重要讲话、做出重要指示,科学回答了人民政协事业发展中的一

---

① 政协全国委员会办公厅,中共中央文献研究室编:《人民政协重要文献选编》(中),中央文献出版社、中国文史出版社2009年版,第408页。

② 政协全国委员会办公厅,中共中央文献研究室编:《人民政协重要文献选编》(中),中央文献出版社、中国文史出版社2009年版,第485页。

③ 政协全国委员会办公厅,中共中央文献研究室编:《人民政协重要文献选编》(中),中央文献出版社、中国文史出版社2009年版,第538页。

④ 同上。

系列重大理论和实践问题。在庆祝中国人民政治协商会议成立65周年大会上，他明确提出，做好人民政协工作，必须坚持人民政协的性质定位。"人民政协是人民民主的重要形式。人民政协要适应推进国家治理体系和治理能力现代化的要求，坚持改革创新精神，推进人民政协理论创新、制度创新、工作创新，丰富民主形式，畅通民主渠道，有效组织各党派、各团体、各民族、各阶层、各界人士共商国是，推动实现广泛有效的人民民主。"他明确提出，做好人民政协工作，必须坚持人民政协的性质定位。①习近平总书记的重要论述深化和拓展了人民政协性质定位的时代内涵，顺应中国特色社会主义新时代的时代要求。

2018年3月政协十三届一次会议修订的《中国人民政治协商中国人民会议章程》对新时代人民政协的性质定位做了"五个是"的表述，即"是中国人民爱国统一战线的组织，是中国共产党领导的多党合作和政治协商的重要机构，是我国政治生活中发扬社会主义民主的重要形式，是国家治理体系的重要组成部分，是具有中国特色的制度安排"。同时在总纲第六个自然段中增写了"中国人民政治协商会议是实行中国共产党领导的多党合作和政治协商制度的重要政治形式和组织形式"，并新增第七个自然段："协商民主是我国社会主义民主政治的特有形式和独特优势。中国人民政治协商会议是社会主义协商民主的重要渠道和专门协商机构，要聚焦国家中心任务，把协商民主贯穿履行职能全过程，完善协商议政内容和形式，着力增进共识、促进团结，在推动协商民主广泛多层制度化发展、推进国家治理体系和治理能力现代化中发挥不可替代的作用。"②

人民政协性质定位的不断丰富发展，反映了人们对政协认识的不断深化，体现了统一战线和人民政协理论的与时俱进。但政协的性质定位表述的很多"是"之间到底是什么逻辑关系？可不可以像其他国家机构一

---

① 习近平：《在庆祝中国人民政治协商会议成立65周年大会上的讲话》，《人民日报》2014年9月22日，第1版。

② 《中国人民政治协商会议章程》，人民出版社2018年版，第15页。

样用一句话去判定呢？比如，人民代表大会就是国家权力机关、国务院是国家行政机关、法院是国家审判机关，这些部门宪法表述得很清楚，简单明晰易于为人接受。2019年10月，习近平总书记在中央政协工作会议的讲话中讲到准确把握人民政协性质定位时用了一个新的表述："人民政协作为统一战线的组织、多党合作和政治协商的机构、人民民主的重要实现形式，是社会主义协商民主的重要渠道和专门协商机构，是国家治理体系的重要组成部分，是具有中国特色的制度安排。"[①]这个表述把政协是"专门协商机构"列入政协章程表述的"五个是"中间；并把传统章程表述的"三个是"归纳为"三个作为"，与新时代有关政协性质定位的"三个是"相衔接，别有新意和深意。"专门协商机构"在这中间"综合承载了人民政协的性质定位"，这一提法在一定意义上显示了人民政协的性质定位可以简洁地表述为专门协商机构这样一种趋势。政协不是权力机关、决策机构，而是专门协商机构，这是政协区别于其他机构的特殊标识。

二、专门协商机构凸显中国特色制度安排

"制度优势是一个国家的最大优势，制度竞争是国家间最根本的竞争。"[②]选择什么样的制度形态，从根本上说取决于一个国家的社会性质和根本制度，同时，制度也是人们根据实际对历史发展进行的主动选择，是特定的社会历史条件、政治经济状态、民族文化传统交互作用的结果。"中国是一个文明古国，同时又是一个年轻的现代国家，中国是一个正全面融入全球体系的国家，同时又是一个力图创造自己独特制度与价值的国家。"[③]人民政协是从中国土壤中产生出来的制度形态，是近代中国民族民主革命运动成果和历史演进的集中表现，也是中国独立自主探索现代国家

[①] 习近平：《在中央政协工作会议暨庆祝中国人民政治协商会议成立70周年大会上的讲话》，《中国政协》2019年第18期。

[②] 《习近平谈治国理政》第3卷，外文出版社2020年版，第119页。

[③] 林尚立：《现代国家认同建构的政治逻辑》，《中国社会科学》2013年第8期。

政权形式的独特创造。

现代政治是民主政治,也是政党政治。在现代中国历史出现了各种不同政治主张的政党,表达了复杂的社会阶层结构和多元利益的要求。中国共产党运用统一战线这一法宝,与其他党派建立了合作和协商的关系,形成了中国共产党领导的多党合作和政治协商制度,这一制度不同于西方资本主义国家竞争性政党制度,也不同于苏联等社会主义国家一党执政的政党制度。人民政协正是依托这一政党制度成立的。为中华人民共和国成立做准备的政治协商会议最初就是党派会议的形式。中共中央1948年11月在哈尔滨征求党外人士关于筹备召开新政协会议意见时,时任中国国民党革命委员会中央常委谭平山建议,"'将来新政协应有一执行机构,保证共同纲领之执行,即类似外国民主阵线形式'。谭平山的意见受到党中央重视。李维汉在1949年3月1日《关于统战问题的报告》中说,'新政协是具体的统一战线的组织形式','是中国式的保加利亚祖国阵线'"①。这说明,我国的人民政协在最初设计时和当初社会主义阵营中实行多党合作的国家相类似。当时的东欧,"匈牙利有爱国人民阵线,罗马尼亚有社会主义民主和团结阵线,捷克有民族阵线,保加利亚有祖国阵线,民主德国有全国阵线,波兰有民族复兴爱国运动(原称'人民统一战线'),南斯拉夫有劳动人民社会主义联盟(原称'全国阵线'),阿尔巴尼亚有民主阵线。这些'阵线'或'联盟',是这些国家的执政党(共产党或工人党)团结其他党派和各种社会政治力量的组织形式,也是这些国家吸引各方面社会政治力量和人民群众参加国家及社会管理,对国家机关工作进行社会监督的民主机制"②。当然,很可惜的是,在苏联的影响下,这些国家没有坚持和发展好多党合作。

目前,世界其他社会主义国家中还有与中国人民政治协商会议相类

---

① 陈喜庆:《关于人民政协作为统一战线组织形式的几个问题》,《人民政协报》2016年12月28日,第8版。

② 王文京:《人民政协与国外类似组织的比较研究》,《中国政协理论研究》2010年第1期。

似的统一战线组织。2019年9月,政协全国委员会办公厅还组织召开了一次社会主义国家统战组织理论研讨会,有朝鲜、越南、老挝参加。越南叫祖国阵线,有《越南祖国阵线法》。该法规定,祖国阵线是人民政权的政治基础。祖国阵线的职能,一是参与立法;二是与政府进行政治协商;三是参与政权建设,对干部实行监督。祖国阵线分为中央、省、市、县四个层级。地方的祖国阵线主席一般由副书记兼任,有的干脆是书记兼任。越南祖国阵线,实际是有一部分权力机构的职能。朝鲜叫祖国战线。职能就是为实现祖国统一而斗争。老挝叫建国阵线,它与越南的机构和职能差不多。① 因此,我们可以看到,统一战线组织并非中国独创。但中国人民政协协商会议的独特之处在于,它依托中国新型政党制度,将统一战线组织的协商功能充分制度化,并与国家其他各项制度相衔接,成为中国特色社会主义政治体系中必不可少的组成部分,成为民主政治运行的必要环节和制度化参与的开放平台。也就是说,专门协商机构与国家其他机构构成了国家制度的完整链条。人民政协是专门协商机构而不是国家权力机关,以协商作为政治运行的基本方式,其中所包含的政治精神是对中国以"和"为重要价值追求的传统政治文化的继承和发展。

1949年9月7日,周恩来在向政协第一届全体会议的代表作《关于人民政协的几个问题》报告时就指出,"人民政协全国委员会,便是同中央人民政府协议事情的机构"。他在谈到我国政权制度设计时特意强调,"凡是通过普选方式产生出来的会,我们叫做大会,例如,人民代表大会。凡是通过协商方式产生的会,我们就叫做会议,例如,人民政治协商会议。大会和会议名称的区别就在这里"。② 这事实上就指出了人民政协是与国家政权组织并存的专门从事协商的机构。从我国现实政治生活来讲,1950年,周恩来就强调:"现在有党的系统,有政权的系统,再加

---

① 刘佳义:《专门协商机构论纲》,《中国政协理论研究》2020年第3期。
② 政协全国委员会办公厅编:《开国盛典:中华人民共和国诞生重要文献汇编》(上),中国文史出版社2009年版,第211—212页。

上政协的系统,这就更能反映各个方面的意见,并有利于决议的贯彻实施。"①1954年9月一届人大召开后,结束了代行人大职权的人民政协是否应该存在,其地位和作用如何定位就成为必须回答的问题。针对一些人关于政协如何定位的种种疑问,时任政协主席毛泽东专门邀请各民主党派、无党派民主人士举行座谈会,他明确指出:"政协的性质有别于国家权力机关——全国人民代表大会,它也不是国家的行政机关。有人说,政协全国委员会的职权要相等或大体相等于国家机关,才说明它是被重视的。如果这样说,那末共产党没有制宪之权,不能制定法律,不能下命令,只能提建议,是否也就不重要了呢?不能这样看。如果把政协全国委员会也搞成国家机关,那会一国二公,是不行的。要区别各有各的职权。"②在我国现实政治生活中长期坚持并不断完善的"两会制"就是不同于西方"两院制"、具有中国特色的制度安排和设计。

改革开放后,为适应新形势的需要,人民政协不再局限于各党派协商的机关,而是扩大到社会各界,是社会各界进行协商的重要机构。因此,人民政协不断成为发扬人民民主、联系各方面人民群众的一个重要组织。1990年3月18日,江泽民在参加七届人大三次会议、全国政协七届三次会议的党员负责同志会议上讲话中作了如下说明:"人民政协在我国政治生活中具有不可替代的作用,它与人大、政府互为补充、相辅相成。在我们这个幅员辽阔、人口众多、多民族、多党派的社会主义国家里,关系国计民生的重大问题,要通过人民政协进行协商,广泛听取各民主党派、人民团体和各界人士的意见,由人民代表大会行使国家权力进行决策,由人民政府执行实施。这样一种政治体制集中体现了我国广泛的人民民主。对于我们实现决策科学化、民主化,避免或减少决策失误,保证各项方针政策贯彻执行,都具有重要的意义。因此,党中央特别强调人民政

---

① 政协全国委员会办公厅、中共中央文献研究室编:《人民政协重要文献选编》(上),中央文献出版社、中国文史出版社2009年版,第118页。

② 《毛泽东文集》第6卷,人民出版社1999年版,第384页。

协在发扬社会主义民主方面的作用,要求通过这条民主渠道经常倾听各方面意见。"[1]这说明人民政协随着中国特色社会主义的发展越来越突出其协商民主的机构功能,专门协商机构的特色日益凸显。

中国特色社会主义制度是一个大系统,人民政协通过社会主义协商民主将专门协商机构的运行嵌入国家治理的具体环节,与党的领导、人大的立法决策、政府的权力实施发挥环环相扣的作用,从而最大限度地凝聚共识、提供决策咨询等,成为政治制度运行中一个必不可少的要素。党的十九届四中全会专题研究"坚持和完善中国特色社会主义制度、推进国家治理体系和治理能力现代化",并通过了《中共中央关于坚持和完善中国特色社会主义制度、推进国家治理体系和治理能力现代化若干重大问题的决定》(以下简称《决定》)。《决定》对人民政协的制度定位以高度凝练的100多个字来概括,即"发挥人民政协作为政治组织和民主形式的效能,提高政治协商、民主监督、参政议政水平,更好凝聚共识。完善人民政协专门协商机构制度,丰富协商形式,健全协商规则,优化界别设置,健全发扬民主和增进团结相互贯通、建言资政和凝聚共识双向发力的程序机制"[2]。人民政协作为专门协商机构,通过建言资政在扩大参与、平等包容、整合利益和化解矛盾的同时最大程度凝聚共识。人民政协不是权力机关、不是立法机构,而是具有中国特色、体现鲜明政治优势的政治组织和民主形式。要强化协商功能,明确政协作为组织和承担协商任务的机构,不是协商主体,而是发扬民主、参与国是、团结合作的重要平台,不是"和"政协协商,而是"在"政协协商;要把握丰富内涵,明确政协协商多维度特点,既包括有关部门为科学决策、推动工作落实与政协各界别的协商,也包括政协各界别委员为资政建言与有关部门的协商,还包括政协内部各界别委员之间的协商,推动政协协商广泛多层制度化发展,其价

---

[1] 政协全国委员会办公厅、中共中央文献研究室编:《人民政协重要文献选编》(中),中央文献出版社、中国文史出版社2009年版,第489页。

[2] 《中共中央关于坚持和完善中国特色社会主义制度 推进国家治理体系和治理能力现代化若干重大问题的决定》,人民出版社2019年版,第11页。

值关乎我国共识型政治体制的良好运作和政治体制独特优势的体现。

十三届全国政协主席汪洋同志指出,要沿着正确方向推进专门协商机构制度建设,以健全有效的制度,保障这一特点和优势的发挥。"要按照构建党和国家机构职能体系要求,进一步明确专门协商机构职能责任,把协商民主贯穿履行职能全过程,建立健全协商工作规则,推动完善协商于决策之前和决策实施之中的落实机制,探索政协协商制度化实践的新经验新做法,以协商有效凝心、以凝心实现聚力,更好把人民政协制度优势转化为国家治理效能。"[①]

三、专门协商机构在国家治理体系中的重要作用

中国人常用"守土有责,治理有方"来表达对国家治理的理想诉求。政治学一个持久不衰的话题就是关于"国家之善"的讨论。今天看来,统一而无分裂之虞,强大而无人冒犯,发展均衡而非差距悬殊,和谐而不内讧外斗,环境友好,舒适宜居,国民安居乐业而不背井离乡,这些应该都是"国家之善",也都是"国家至善"。这种治理状况符合国家"全面协调,均衡发展"的目标,也可以说是实现人民幸福、社会和谐、国家富强的目的。国家之间的竞争,无论采用比快模式(综合发展能力)、比稳模式(有序管理能力)、比慢模式(危机管控能力),还是比校正模式(决策纠错能力),其实质都是治理能力的比拼。[②] 中国改革开放40余年来,保持了经济高速发展和社会和谐稳定,创造了世界瞩目的奇迹。这是因为中国有一系列适合自身发展需要的制度体系。中华人民共和国成立以来,人民代表大会制度、中国共产党领导的多党合作和政治协商制度、民族区域自治制度以及基层群众自治制度为国家治理提供了基本的制度支持。当代中国的国家建构和治理规避了西方国家政治对抗的弊端,发展出了中国

---

① 汪洋:《中国人民政治协商会议全国委员会常务委员会工作报告——在政协第十三届全国委员会第三次会议上》,《人民日报》2020年5月28日,第3版。

② 燕继荣:《制度、政策与效能:国家治理探源——兼论中国制度优势及效能转化》,《政治学研究》2020年第2期。

共产党领导的向心型政治制度体系、政治治理体系和政治价值文化。有学者把它总结为"同心圆制度安排"的政治优势,有力地"增进国家团结和政治秩序,增强国家活力和国家能力"。① 这其中,人民政协作为专门协商机构发挥了重要的治理功能。人民政协是国家治理体系的重要组成部分,在协商中促进广泛团结、推进多党合作、实践人民民主,既秉承历史传统,又反映时代特征,充分体现了我国社会主义民主有事多商量、遇事多商量、做事多商量的特点和优势。

党的十八届三中全会首次提出,"完善和发展中国特色社会主义制度,推进国家治理体系和治理能力现代化"为全面深化改革总目标,标志着我国治国理政理论与实践探究达到了一个新境界。改革开放以来,在取得有目共睹成就的同时也积累了大量的社会矛盾和冲突,社会治理需要与时俱进、不断增强治理体系的调适性。市场化的改革使现代社会日益演变为一个复杂的大系统,成为高风险社会。权力结构从单一政治权力发展为市场体系、社会体系、国家权力及党的体系共同治理社会的格局,给国家治理实践带来了前所未有的复杂性。这就使凝聚改革共识、维护社会稳定、积极协调关系、化解矛盾成为新时代国家要面对的艰巨挑战。而民主制度就是化解矛盾、协调纠纷的社会减压阀。习近平总书记在庆祝人民政协成立65周年大会的讲话中指出:"在人民内部各方面广泛商量的过程,就是发扬民主、集思广益的过程,就是统一思想、凝聚共识的过程,就是科学决策、民主决策的过程,就是实现人民当家作主的过程。这样做起来,国家治理和社会治理才能具有深厚基础,也才能凝聚起强大力量。"② 现代治理要求多元参与、民主协商,因此,协商民主是坚持和完善中国共产党领导的关键所在,也是进一步深化改革、攻坚克难的关键所在。治理体系和治理能力现代化使人民政协真正"处于凝心聚力第一线、决策咨询第一线、

---

① 刘维芳:《中华人民共和国成立以来历史性变革的政治逻辑——以"同心圆制度安排"为分析视角》,《统一战线学研究》2020年第2期。

② 习近平:《在庆祝中国人民政治协商会议成立65周年大会上的讲话》,《人民日报》2014年9月22日,第2版。

协商民主第一线、国家治理第一线,是党和国家一线工作的重要组成部分"①。这种"一线"思维即是发挥人民政协"专门协商机构"作用,整合多元思想、凝聚改革共识、科学建言献策、创新治理方式方法,更好地盘活改革棋局、推动改革发展。专门协商机构不仅体现了协商民主的特色,而且体现了人民政协参与国家治理新的职能责任,是新时代赋予人民政协职能定位的新内涵。把人民政协定位为专门协商机构,有利于优化人民政协机构配置、明确政协协商的具体职责。正是因为作为专门协商机构的独特性、专门性、不可替代性,人民政协才是国家治理体系不可缺少的重要组成部分,才能充分发挥人民政协作为民主形式的效能,最大限度地参与现代化的国家治理体系和治理能力的建设。

习近平总书记指出:"我们说要推进国家治理体系和治理能力现代化,国家治理体系是由众多子系统构成的复杂系统,这个系统的核心是中国共产党,人大、政府、政协、法院、检察院、军队,各民主党派和无党派人士,各企事业单位,工会、共青团、妇联等群团组织,都要坚持中国共产党领导。"②在国家治理制度体系的层面,主要涉及在党中央领导下人大、政府、政协三者的职能分工和协调。在这个问题上,改革开放以来已经形成了明确的思路即关系国计民生的重大问题,由人民政协进行充分的调研、研讨、协商,形成社会最大公约数,通过诸如"两会"等途径将其输进党和国家决策模式中转化为国家意志、政策方略,再由政府施政治理推动重大问题解决和经济社会发展,形成社会治理要求与党和国家制度相互调适的程序化渠道、良性化循环。人民政协作为复杂子系统中的一部分,在协商治理中发挥自己的独特作用。在治理的过程中,各级党委要重视和支持人民政协事业发展,把人民政协政治协商作为重要环节纳入决策程序,对明确规定需要协商的事项必须经协商后提交决策实施。这样,制

---

① 葛慧君:《展示新时代人民政协一线新气象》,《人民政协报》2018年10月25日,第3版。
② 中共中央文献研究室编:《习近平关于社会主义政治建设论述摘编》,中央文献出版社2017年版,第34页。

定的政策才更有民意基础，更加兼顾不同人群的利益。人民政协越来越成为加强和实现党对各项工作领导的重要阵地、用党的创新理论武装各界代表人士的重要平台、化解矛盾凝聚共识的重要渠道。新时代人民政协各级组织正致力于构建这种包容、开放的协商组织架构，着力在搭建更开放、更务实、更亲民协商平台上下功夫，发挥政治动员功能，延伸工作手臂、推动委员下沉，服务民生，协调利益，找到"公约数"，画出"同心圆"，展示出"专门协商机构"的特色和水平。

第三节 推进专门协商机构制度建设

着眼于人民政协新时代、新方位、新使命，深入学习贯彻习近平总书记关于加强和改进人民政协工作的重要思想，必须充分发挥专门协商机构作用。人民政协要注重政协协商形式和协商内容相匹配、协商程序和协商效率相统一，丰富运行方式方法，运用现代信息技术等手段，拓展不同意见互动交流、各种观点深入沟通的平台和渠道，形成有事好商量、众人的事情由众人商量的秩序和氛围，努力使专门协商机构"专"出特色、"专"出质量、"专"出水平。

一、完善协商内容

"协商什么"一直是各级政协组织十分关注的问题。1989年的《政协全国委员会关于政治协商、民主监督的暂行规定》是最早对政治协商内容做出规定的文件，它一共总结了14项政治协商的内容，具体到"国家省级行政区划的变动""外交方面的重要方针政策"等内容。2006年中共中央颁发的《中共中央关于加强人民政协工作的意见》在起草组听取各地意见时，各级政协集中反映一个意见：政协协商内容如果规定得太具体，实践中难于实际做到。于是，这一文件对政协协商的内容规定主要在两个方面：一是国家和地方的大政方针以及政治、经济、文化、社会生活和生态环境等方面的重要问题;二是各党派参加人民政协工作的共同性事务,政协内部的重要事务以及有关爱国统一战线的其他重要问题。以后的文件基本沿用了这一规定。但到了各地政协的具体操作,又普遍反映政治协商内容对"大政方针"和"重要问题"不好把握,弹性很大,在很大程度上增加了协商的随意性。

针对这些问题,2015年6月,中共中央办公厅印发的《关于加强人民政协协商民主建设的实施意见》对政协协商的主要内容规定是:国家大政方针和地方的重要举措以及政治、经济、文化、社会生活和生态环境等方面的重要问题,各党派参加人民政协工作的共同性事务,政协内部的重要事务,以及有关爱国统一战线的其他重要问题等。同时,这一文件在协商内容上特别强调要各地根据实际制定政协年度协商计划。政协办公厅(室)在广泛征求政协参加单位、政协委员和有关部门意见的基础上,形成年度协商计划草案。党委办公厅(室)会同政府办公厅(室)、政协办公厅(室)修改完善年度协商计划草案。经政协主席会议审议后,报党委常委会会议确定。习近平总书记强调"要坚持党委会同政府、政协制定年度协商计划制度,完善协商于决策之前和决策实施之中的落实机制,对明确规定需要政协协商的事项必须经协商后提交决策实施,对协商的参加范围、讨论原则、基本程序、交流方式等作出规定"[①]。近几年来,各级政协根据形势发展,围绕党和政府中心工作,结合实际丰富协商内容,拓宽协商范围,形成了各具特色的协商议政新局面。

新时代充分发挥人民政协专门协商机构作用,要求人民政协始终坚持社会主义的价值取向,时刻践行"以人民为中心"的协商理念,聚焦党和国家中心任务,围绕统筹推进"五位一体"总体布局、协调推进"四个全面"战略布局,紧扣发展不平衡不充分问题,把更好地满足人民群众日益增长的美好生活需要作为协商工作的出发点和落脚点,善于从群众关注

[①] 习近平:《在中央政协工作会议暨庆祝中国人民政治协商会议成立70周年大会上的讲话》,《中国政协》2019年第18期。

的焦点、民生短板、社会矛盾症结、百姓生活的难点中倾听群众呼声，反映群众愿望，将其列入协商议题。2019年10月召开的中央政协工作会议，在协商内容上特别规定了民主监督议题应有一定比例，同时规定党委和政府有关部门就有关重要决策、重要法律法规等，要在政协听取相关界别委员的意见建议。

二、丰富协商形式

1989年的《政协全国委员会关于政治协商、民主监督的暂行规定》明确了政协全体会议、常委会议、应邀列席全国人大有关会议等7种政协协商形式。党的十六大以后，全国政协在总结以往经验的基础上，形成了"专题协商"这一新的品牌。全国政协第一次召开"专题协商会"是2005年7月，主要围绕"十一五"规划建言献策。专题协商会的特点是："抓战略性问题；党政高层领导出席；形成对话和互动的机制；提出比较成熟的意见建议。"[①] 全国政协一般每年召开两次专题协商会，可根据实际情况机动调整，地方政协可视情安排。在具体的协商议程中，根据议题需要，政协邀请党政分管相关工作的领导同志及有关部门负责同志，出席会议，听取意见，与委员互动交流。组织相关委员和专家学者参加。在专题协商会上，会议发言应充分反映政协专门委员会专题调研、委员视察、界别调研和民主党派调研等成果。会后，相关意见建议以政协党组报告、政协信息等形式报送党委和政府及有关部门。2010年全国政协进一步研究了界别协商问题。界别是政协的特点，界别协商正是政协智力优势、制度优势和组织优势的结合点和交会点。党的十八大报告总结了以往政协协商的经验，明确提出人民政协要"深入进行专题协商、对口协商、界别协商、提案办理协商"[②]，这是对人民政协探索、丰富政协协商形式的充分肯定。

---

① 郑万通：《贯彻落实中共十八大精神，健全社会主义协商民主制度》，《中国政协理论研究》2012年第4期。

② 中共中央文献研究室编：《十八大以来重要文献选编》（上），中央文献出版社2014年版，第21页。

习近平总书记在庆祝中国人民政治协商会议成立65周年大会上的讲话中指出："更加灵活、更为经常开展专题协商、对口协商、界别协商、提案办理协商，探索网络议政、远程协商等新形式，提高协商实效，努力营造既畅所欲言、各抒己见，又理性有度、合法依章的良好协商氛围。"①为人民政协创新和丰富协商形式提供了方向。

十二届全国政协为切实推进协商民主开创的一项重要举措是双周协商座谈会。"双周座谈会"的传统可追溯到1950年4月，各民主党派、无党派民主人士联合发起召开双周座谈会，当时也有人叫"神仙会"。在特定的历史情境下，发扬民主、广开言路的"神仙会"，开得生动活泼，人人心情舒畅，成为多党合作和政治协商制度史上的佳话。2013年10月22日，这一中断了近半个世纪的优良传统，得以接续和创新，再次焕发出生机和活力。

网络议政和远程协商是十三届政协刚刚开创的一项创新性议政活动。在汪洋主席的大力推动下，2018年全国政协开展了两次网络议政和远程协商讨论：一次是优化营商环境、促进民营经济高质量发展；一次是推进快递行业的绿色发展。通过探索，委员们充分认识到网络议政和远程协商参与面广、互动性强，委员讨论也比较深入，可以把委员和各相关部门更好地联系起来。网络议政和远程协商使委员履职打破了空间和时间的障碍，破除了以前只有开会大家才能讨论的局限，随时可以就一些重要的议题开展讨论，增强了委员们的责任感和参与感。

人民政协是专门协商机构，新时代政协全国委员会已经形成了独具特色的协商议政格局。2019年3月10日上午，全国政协十三届二次会议在梅地亚两会新闻中心举行记者会。会上，全国政协文化文史和学习委员会副主任刘佳义说："全国政协的协商格局，形象的说法叫作'1420'。去年全国政协共召开了1次全体会议、2次专题议政性常委会、2次专题协

---

① 习近平：《在庆祝中国人民政治协商会议成立65周年大会上的讲话》，《人民日报》2014年9月22日，第2版。

商会，这就是我们讲的'14'。'20'是指每年大概要召开双周协商座谈会，'20'是个大致的说法，去年我们开了19次。今年全国政协的协商计划也是'1420'，前面是一样的，后面的'20'有一些变化，安排了16次双周协商座谈会，4次网络议政和远程协商。"[1]2019年10月召开的中央政协工作会议强调完善以全体会议为龙头，以专题议政性常务委员会会议和专题协商会、协商座谈会、远程协商会等为重点的政协协商议政格局。开好全体会议，发挥这协商履职最高形式的作用。更加灵活更为经常地开展专题协商、对口协商、提案办理协商。以界别为依托，以专门委员会为基础，搭建界别协商平台。增强网络议政、远程协商实效，探索政协协商同社会治理相结合等新形式，拓展政协协商参与面，扩大界别群众工作覆盖面。

新时代人民政协着眼于专门协商机构发展，着力在创新协商民主形式上下功夫，努力形成与时俱进、服务性强的协商议政新格局，以形式和方法的创新服务提升协商实效。特别是积极适应互联网、大数据、云计算、人工智能等科技进步新趋势新要求，发挥人民政协组织的智力、智慧、智库优势，建立起以政协网站、微信公众号、手机客户端等为载体的履职综合服务平台，融合线上线下，更好地服务政协履职活动。

三、健全协商规则

协商民主作为一种制度安排和工作方法，是特别讲程序和规范的。要使社会主义协商民主由一种思想、理念转化为制度、现实，必须从规则和细节上保障民主参与的实现、民意表达的畅通。人民政协协商工作规则，是覆盖专门协商机构运行全过程和各方面的制度总纲。汪洋主席在全国政协十三届三次会议上强调指出，要"建立健全以协商工作规则为主干，覆盖人民政协履职工作、组织管理、内部运行等各方面的制度机

---

[1] 刘佳义：《新时代政协履职有3个新特点和10个首次》，新华网，http://www.xinhuanet.com/politics/2019lh/2019−03/10/c_1210077446.htm。

制"[①]。由此可见制定人民政协协商工作规则的重要性。

人民政协制定协商工作规则要强化专门协商机构的协商功能,明确政协作为组织和承担协商任务的机构,不是协商主体,而是发扬民主、参与国是、团结合作的重要平台;要把握专门协商机构的丰富内涵,明确政协协商多维度特点,既包括有关部门为科学决策、推动工作落实与政协各界别的协商,也包括政协各界别委员为资政建言与有关部门的协商,还包括政协内部各界别委员之间的协商;要注重程序性制度建设,围绕协商议题的提出和确定、协商活动的安排和准备、协商活动的进行、协商意见的整理和报送、协商意见的处理和反馈情况等,对协商民主活动的基本程序、工作流程、具体步骤、主要环节、工作时限和工作要求等方面做出明确具体的规定;要加强顶层设计,由中央层面制定出台统一的政协协商工作规则,地方政协制定相应的配套措施。

在具体的操作中,政协协商要坚持党委会同政府、政协制定年度协商计划制度,完善协商于决策之前和决策实施之中的落实机制,对明确规定需要政协协商的事项必须经协商后提交决策实施。将政协重点协商活动纳入党委和政府总体工作部署,实施情况列入督查事项和考核体系,促进协商成果的采纳、落实和反馈。制定政协协商工作规则,坚持调研于协商之前,把协商互动列为必要环节,对协商的参加范围、讨论原则、基本程序、交流方式等做出规定。要进一步规范政协协商的基本程序。从广泛征求意见、确定协商议题、制定协商计划,到政协协商、成果运用、跟踪反馈,形成一个协商履职闭环,加强和改进相关环节工作;要加强政协协商与党委和政府工作的衔接,推动政协协商制度优势转化为国家治理效能;要把提质增效作为完善政协协商程序的着力点,坚持调研于协商之前,改进调查研究,强化调研在高质量协商议政中的基础性作用;强化协商互动环节的功能作用,强化网络议政等履职手段的深度运用;强化协商议政成

[①] 汪洋:《中国人民政治协商会议全国委员会常务委员会工作报告——在政协第十三届全国委员会第三次会议上》,《人民日报》2020年5月28日,第3版。

果的持续跟进督促见效,将政协协商贯穿政策决策、实施、反馈、评估全过程,在每一个协商议题的步骤和环节中提供充分的、务实的实施方案。比如,对于协商前的准备环节,应有充分的协商对象了解、协商氛围塑造、协商目标聚合、协商争议把握等情况的前提预判;在协商中,参与者的表达、意见收集、争议焦点、立场转换等具体环节应有明晰的过程;协商后,成果如何转换、反馈是否及时、实施效果评估等要与协商议题形成一个闭合的过程。真正让每一个环节能够经得起细节考验,让协商成为真协商。

人民政协作为专门协商机构,更应该在协商规则的建立中率先建立程序完备、具体的协商规则。比如,确立协商议事的立场明确原则、主持中立原则、机会均等原则、限时限次原则、充分辩论原则等。在协商过程中增加互动环节比重;在协商结果的报送、采纳、落实方面,形成责任和监督制度。比如,政协的提案办理协商工作,具体到程序主要由立案机制—承办沟通机制—答复机制—转化机制构成,每个机制都有自己的工作原则和方式选择,其中的关键在于政协组织的工作方式探索和党委政府的积极重视和配合。

政协建言资政质量评价标准和方法的建立,关系政协作为专门协商机构作用的发挥程度。新时代人民政协正在不断探索建立政协协商议政质量体系,建立完善协商议政的评价标准,制定关于进一步提高协商议政质量的意见和协商议政质量评价工作办法。针对专门委员会、界别和政协委员的具体情况,分门别类制定履职标准,每年对建言资政成果成效进行量化计分和专门考评。建立委员履职电子档案,专门记录每一位委员参加会议、参加调研视察、提交提案、大会发言、撰写调研报告、反映社情民意信息等情况,作为委员履职考核、先进评选和届满留任的客观依据。落实委员履职工作规则,强化委员责任担当。

四、培育协商文化

中国哲学奉行"中和"思维，体现在政治价值观念上是重和谐。中国古代思想家一般视"和"为事物生成的依据，视为政治的最高境界和治国安邦的首要价值标准。孔子就认为中国文化最珍贵的思想是"和为贵"。在世界三大文化体系中，只有中华文明传承五千年不中断，关键就在一个"和"字。中国传统文化三大体系儒释道都将"和"视为最高智慧。例如，儒家的"和为贵""协和万邦"，佛家的"因缘和合而生诸法""天地同根、万物一体、法界同融"，道家的"天人合一，道法自然""和实生物，同则不继"，都突出了一个"和"字。

同时，"中"在中国传统政治文化中占有十分重要的地位，它主张凡事应当有一个合适的度，超过了为"过"，没有达到则为"不及"。孔子把中庸纳入儒家的政治思想范畴，中庸意味着允许多样存在，主张平衡、"宽和"，用于政治能调节各种社会矛盾，形成祥和的局面。儒家的中和观对利益主体多元共存、兼容并蓄的强调与现代民主政治的基本精神甚为契合，为协商政治提供了深厚的文化基础和丰富的精神资源。以"和"文化为内在精神和显著特征的传统政治文化体现在政治上，强调和谐共济，倡导"和而不同""求同存异"，这与协商民主所倡导的基本理念与精神在很大程度上是一致的。

以"中和"文化为依托的传统政治文化为协商民主在中国的确立和发展提供了良好的文化背景，构成了协商民主精神植根中国的重要本土资源。社会主义协商民主形成的是以"和而不同、和睦相处、和衷共济、和谐发展"为特点的协商文化，有深厚的中华文化底蕴支撑，有浓郁的中国风格，表现出鲜明的中国气派。

人民政协作为专门协商机构，根植于中国历史传统文化，体现了中国政治传统中注重整体、强调和而不同的文化基因，兼听则明、兼容并蓄的传统政治思维，道取中庸、推崇天下为公的政治智慧。新时代人民政协传承中华民族兼容并蓄、求同存异等优秀政治文化，弘扬我们党"团结—批评—团结"的优良传统，培育与时代和任务相适应的中国特色社会主义协商文化。新时代的人民政协协商文化注重平等议事、公平议事、和谐议事，坚持"有事好商量、众人的事情由众人商量"，促进不同思想观点的充分表达和深入交流，做到相互尊重、平等协商而不强加于人，遵循规则、有序协商而不各说各话，体谅包容、真诚协商而不偏激偏执，形成既畅所欲言、各抒己见，又理性有度、合法依章的良好协商氛围。

在2019年10月召开的中央政协工作会议上，习近平总书记在讲话中提出能听意见、敢听意见，特别是勇于接受批评、改进工作，是有信心、有力量的表现。对各种意见和批评，只要坚持党的基本理论、基本路线、基本方略，就要让大家讲，哪怕刺耳、尖锐一些，我们也要采取闻过则喜的态度，做到有则改之，无则加勉。培育协商文化，要从历史文化传承和现代民主理念出发，构建人民政协专门协商机构的文化底蕴。

五、提高协商能力

协商民主不但需要民主的理念，需要民主的制度，也需要民主的技术。"民主不是装饰品，不是用来做摆设的，而是要用来解决人民要解决的问题的。"[①]社会主义协商民主是党领导人民有效治理国家、保证人民当家作主的重要制度设计，同样是为了解决发展中的矛盾和问题。充分发挥人民政协专门协商机构作用，要求人民政协紧紧围绕党和国家重大战略部署，把协商民主的理念和要求贯穿履职全过程，发挥"专"的优势，体现"专"的水平，彰显"专"的作为，更好地参与和服务国家治理。这要求人民政协协商真正体现以问题为导向，商量真问题，出实招、办实事、见实效，将作风之实和履职之能结合起来，提高履职能力，发挥服务治国理政的具体作用。

---

① 习近平：《在庆祝中国人民政治协商会议成立65周年大会上的讲话》，《人民日报》2014年9月22日，第2版。

第三章　发挥人民政协专门协商机构作用

专门协商机构的话语权和影响力,很大程度上来自政协界别和委员所提意见建议的高质量和可行性,来自对社会民生问题的正确见解。人民政协作为专门协商机构,要紧扣党政所需、人民所盼、政协所能,多提专业性、能管用的意见建议。"打铁还需自身硬",这要求人民政协要练好"内功",才能增强协商的底气。要按照习近平总书记的要求,建言议政要"言之有据、言之有理、言之有度、言之有物"[①],真诚协商、务实协商、道实情、建良言,发挥出协商民主的效能,使协商成果经得起实践检验、经得起社会审视、经得起群众评判。

人民政协作为专门协商机构,要用改革思维、创新理念、务实举措大力推进协商能力建设,提高政治把握能力、调查研究能力、联系群众能力、合作共事能力。着眼充分发挥专门协商机构作用,坚持走进"一线",守正创新,探索建立以专门委员会为依托,深入一线联系调研、发现问题、提出建议、督促监督工作落实。

专门协商机构作用的发挥需要专业化的队伍来保证。加强专业化协商队伍建设,积极适应全面深化改革的要求、国家治理体系和治理能力现代化的需要,全面提升协商履职水平,练就协商的"真功夫",打造具有专业建言献策能力的政协委员队伍。教育引导委员树立协商理念,遵守协商规则,不断培养专业协商能力和协商精神。着力增强专委会委员的"专业化意识",加强政协委员能力培养,帮助委员弥补知识弱项、能力短板、经验盲区,增强专业履职能力,做到"参政参到要点上,议政议到关键处,努力在会协商、善议政上取得实效"[②]。网络时代尤其要通过互联网、物联网、云计算、移动互联等热点技术深度了解和及时回应各群体诉求,预判和占领舆情制高点并积极引领,确实做到党委政府所需、群众所盼、政协所能,为国家治理更广泛地凝聚人心、共识、智慧和力量。

---

① 《坚持多党合作发展社会主义民主政治　为决胜全面建成小康社会而团结奋斗》,《人民日报》2018年3月5日,第1版。

② 《坚持多党合作发展社会主义民主政治　为决胜全面建成小康社会而团结奋斗》,《人民日报》2018年3月5日,第1版。

专门协商机构要建立具有政协特色的应用型智库和参政议政人才库，依托各专委会，以界别为主体，突出不同省市地域特色和发展需要，整合吸引各民主党派、工商联、高校、科研机构、企业、社会组织以及各行各业优秀人才资源的专家智库，借助外脑实现全方位的专业化队伍建设。建立有关部门重大情况通报和重要信息发布制度，落实协商议政质量评价体系和工作办法，为全面提高政协协商能力和水平提供支撑。

目前，政协第十三届全国委员会以务实的作风，找差距，明方向，定措施，着眼于发挥好专门协商机构的作用，延伸工作"手臂"，推动委员"下沉"，加强"请你来协商"平台建设、民生协商论坛、委员会客厅等工作，狠抓两支队伍建设，彻底清除把政协视为"休养所"的懒散作风、把政协视为"贵族院"的官僚作风、把政协视为"名利场"的虚荣作风、把政协视为"终点站"的消极作风，不断提高政协协商的质量和水平。

第 四 章

广泛凝聚共识

人心是最大的政治，共识是奋进的动力。习近平总书记强调："要把大家团结起来，思想政治引领、凝聚共识就必不可少。"①新时代人民政协要始终坚持团结和民主两大主题，最大限度地调动一切积极因素，团结一切可以团结的人，汇聚共襄伟业的强大力量。当前，人民政协要通过有效工作，努力成为坚持和加强党对各项工作领导的重要阵地，用党的创新理论团结教育引导各族各界代表人士的重要平台，在共同思想政治基础上化解矛盾和凝聚共识的重要渠道。2023年的《中国人民政治协商会议章程修正案》在工作总则中增写"要把加强思想政治引领、广泛凝聚共识贯穿履职工作之中"②。人民政协要更好地凝聚共识，担负起把党中央决策部署和对人民政协工作要求落实下去，把海内外中华儿女的智慧和力量凝聚起来的政治责任。

第一节 广泛凝聚共识是人民政协履职的中心环节

在 2018 年 12 月 29 日全国政协新年茶话会上，习近平总书记指出，

---

① 习近平：《在中央政协工作会议暨庆祝中国人民政治协商会议成立 70 周年大会上的讲话》，《中国政协》2019 年第 18 期。
② 《全国政协办公厅负责人就〈中国人民政治协商会议章程修正案〉答记者问》，《人民日报》2023 年 3 月 19 日，第 4 版。

人民政协要把加强思想政治引领、广泛凝聚共识作为履职工作的中心环节，加强各党派团体、各族各界人士大团结大联合。这是总书记第一次把"广泛凝聚共识"作为人民政协"履职工作的中心环节"提出来。凝聚共识是现代化国家治理中各参与主体围绕特定任务要求而汇集、反映并实现社会各领域与各层面人民群众意志的过程。任何国家、任何社会如果没有一定的思想共识，就不可能创造良性的发展。人民政协因为其组织特性，天然具有凝聚共识的特殊职责和使命。加强思想政治引领、广泛凝聚共识既是人民政协历史经验的总结，更是新时代人民政协发挥统战功能、积极履职尽责的中心环节。

一、加强思想政治引领、广泛凝聚共识是人民政协的历史经验

人民政协是政治组织，必须旗帜鲜明讲政治，讲政治就是要有政治基础和政治共识。按照习近平总书记的要求，"人民政协要坚持在热爱中华人民共和国、拥护中国共产党的领导、拥护社会主义事业、共同致力于实现中华民族伟大复兴的政治基础上，最大限度调动一切积极因素，团结一切可以团结的人，汇聚起共襄伟业的强大力量"①。人民政协的历史，是一部坚持党的领导、加强党的思想政治引领的历史，是一部政协党组织和广大党员团结政协各参加单位、人民团体、各族各界人士投身革命、建设、改革实践的历史。人民政协70多年发展的历史经验表明：那种把政协仅仅当成是社会各界建言资政、民主监督的场所和平台的观点是片面的、错误的。各方面人士在政协这一平台上积极建言资政，主要是为了增进共识、促进团结。凝聚共识和力量是建言资政的方向和目的，建言资政是凝聚共识和力量的途径和方法。

人民政协是建立在共同思想政治基础上的政治组织。毛泽东同志在1949年的新政治协商会议筹备会上指出："中国共产党、各民主党派、各

---

① 习近平：《在庆祝中国人民政治协商会议成立65周年大会上的讲话》，《人民日报》2014年9月22日，第2版。

人民团体、各界民主人士、国内少数民族和海外华侨都认为：必须打倒帝国主义、封建主义、官僚资本主义和国民党反动派的统治，必须召集一个包含各民主党派、各人民团体、各界民主人士、国内少数民族和海外华侨的代表人物的政治协商会议，宣告中华人民共和国的成立，并选举代表这个共和国的民主联合政府，才能使我们伟大的祖国脱离半殖民地的和半封建的命运，走上独立、自由、和平、统一和强盛的道路。这是一个共同的政治基础。这是中国共产党、各民主党派、各人民团体、各界民主人士、国内少数民族和海外华侨团结奋斗的共同的政治基础，这也是全国人民团结奋斗的共同的政治基础。"①中国人民政治协商会议第一次全体会议通过的《中国人民政治协商会议共同纲领》（以下简称《共同纲领》）的起草就充分体现了协商凝聚共识的过程。《共同纲领》的草案是新政治协商会议筹备会第三小组决定由中国共产党负责起草的，"草案初稿写出以后，经过七次的反复讨论和修改，计由先后到达北平的政协代表五六百人分组讨论两次，第三组本身讨论了三次，筹备会常务委员会讨论了两次，广泛地吸收了各方面的意见，然后将草案提交筹备会第二次全体会议作了基本通过"②。代表们在热烈讨论的过程中，字斟句酌、畅所欲言，真正做到了集思广益。比如，有党内代表要求把共产党的纲领写进《共同纲领》，刘少奇对此指出："在中国采取相当严重的社会主义的步骤，还是相当长久的将来的事情，如在共同纲领上写上这一目标，很容易混淆我们在今天所要采取的实际步骤。"③正是由于经过了充分的讨论，共同纲领从一开始就得到了广泛认可。"共同纲领"这四个字，强调的就是"共识"。70多年前建立的人民政协，在协商民主中形成的最大共识，就体现在经过政协委员充分讨论形成的《共同纲领》之中。

---

① 中国人民政治协商会议全国委员会研究室，中共中央文献研究部第四编研部编：《老一代革命家论人民政协》，中央文献出版社1997年版，第1—2页。
② 中国人民政治协商会议全国委员会研究室，中共中央文献研究部第四编研部编：《老一代革命家论人民政协》，中央文献出版社1997年版，第70页。
③ 《刘少奇选集》（上卷），人民出版社1981年版，第435页。

人民政协的建言资政不能是没有原则、没有边界的言论自由，在事关道路、制度、旗帜、方向等根本问题上必须坚持立场不含糊、原则不动摇。广泛、深入地建言资政，发挥各界人士参与社会主义事业建设的积极性、主动性，充分听取不同意见和建议、接受批评和监督，使各种利益诉求进入决策程序，形成发现和纠正决策失误的机制，这样才能把各方面实现民族复兴的智慧力量凝聚起来；同时在建言资政过程中从有利于加强党的领导的角度出发，使协商议政的过程成为思想引领、政策宣传、释疑增信的过程，成为沟通情况、换位思考、交换看法的过程，凝聚起对党和国家大政方针的共识，形成同心同德贯彻落实党和国家决策部署的强大合力。因此，新时代人民政协要高度重视协商民主的独特优势和治理效能，更好地发挥人民政协作为专门协商机构的作用，完善机制、畅通渠道，通过多种形式的协商议政，着力打造协以成事、商以求同的良好氛围，最大限度地凝聚共识、凝聚人心、凝聚智慧、凝聚力量。

总结历史经验，人民政协凝聚共识首先要坚持党的领导，让人民政协真正成为加强和实现党的领导的重要阵地。周恩来说："关键在于领导，在于党的政策，党领导得正确，才能使历史条件所提供的可能性变成现实。"[①]最重要的是，中国共产党要用切实的民主行动与党外人士的政治参与理念形成强大的政治共识，并牢牢把握统一战线工作的领导权。中华人民共和国成立前后，党外人士在思想上完成了两次大的转变：一是从具有"亲美反共"倾向的民族资产阶级、城市小资产阶级及其知识分子的代表转变为真诚接受中国共产党领导的民主党派；二是超越自身狭隘阶级阶层利益，投身于社会主义改造和社会主义建设。这都与党制定的正确道路、政策密切相关。其次是坚持符合统战对象特点的学习教育原则。要坚持自我教育原则开设委员讲座、委员讲堂，充分发挥党外人士的主观能动性。坚持"三自"，辅之以"三不"，即"自己提出问题、自己分析问题、自

---

① 中共中央统一战线工作部、中共中央文献研究室编：《周恩来统一战线文选》，人民出版社1984年版，第348页。

己解决问题""不抓辫子、不扣帽子、不打棍子"。这种方式更能激发委员的内生动力和学习积极性，使学习教育成为一种心情舒畅、生动活泼的政治生活，才能获得提高认识、增进共识、巩固政治基础的效果。

二、广泛凝聚共识的时代内涵

不同的时代有不同的发展主题和时代使命。过去我们常说人民政协有三项主要职能：政治协商、民主监督、参政议政。其实这三项主要职能也经历了一个不断拓展的过程。2019年中央政协工作会议明确指出，要"把加强思想政治引领、广泛凝聚共识作为中心环节，坚持团结和民主两大主题，提高政治协商、民主监督、参政议政水平，更好凝聚共识"，这表明人民政协的其他职能都贯通于凝聚共识之中，要以思想政治引领、凝聚共识为中心来检验各项职能发生的效能。这表明新时代人民政协要树立正确履职观，深刻认识建言资政是履职成果、凝聚共识也是履职成果，甚至是更重要的成果。把凝聚共识融入视察考察、调查研究、协商议政等各项活动中，在建言成果、思想收获上一体设计、一体落实。这样的规定无疑是对人民政协履行职能和开展工作的方向性转变，使人们更加直观地了解人民政协的作用。

人民政协广泛凝聚共识是崭新的时代课题。从政协工作的实际看，提出凝聚共识是政协工作的中心环节具有针对性。在很长一段时间里，各级政协对建言资政、发扬民主比较注重，发挥思想政治引领作用的重视相对薄弱，存在把履行职责简单等同于对政策制定提出意见建议、单向发力的现象。其实，从人民政协的发展历程看，建言资政和凝聚共识是"双向发力"的。这不仅是人民政协发展进步的历史经验，也是人民政协这一制度安排日益成熟的重要标志。新时代人民政协的新使命需要以强化统一战线组织功能汇聚实现中华民族伟大复兴中国梦的磅礴力量，以推动人民政协制度更加成熟更加定型彰显中国特色社会主义制度的优越性，以发挥专门协商机构在国家治理体系中的重要作用展现社会主义协商民主的独特优势，为实现新时代党的历史使命凝心聚力。这些使命贯穿的一个中心就是要凝聚共识。

习近平总书记指出："加强思想政治引领，要正确处理一致性和多样性的关系。一致性是共同思想政治基础的一致，多样性是利益多元、思想多样的反映，要在尊重多样性中寻求一致性，不要搞成'清一色'。"[①] 在人民政协发展过程中，曾经有过"过于追求一致性"和"过于放任多样性"的历史教训。"文化大革命"期间，我们过于追求一致，致使党和国家生活出现阶级斗争为纲的片面化局面，政治体制僵化，缺乏发展活力和生动活泼的政治局面。人民政协工作也陷于停滞。改革开放后，随着市场经济的发展，一段时期内社会中出现了一些助长民族分裂、宗教自由化的错误言论和思潮，包括在政协组织内也出现个别委员在公开言论上的错误和偏颇，这都是社会思想多样性的体现，如果不加以引领和纠正而任由其发展，必然会扩大民族和社会的分裂、引发离心的倾向。正确处理一致性与多样性的关系，需要根据经济社会发展变化及时了解新情况、发现新问题、化解新矛盾，防患于未然。"成都的武侯祠里有一副对联，下联是'不审势即宽严皆误，后来治蜀要深思'。各级领导干部特别是高级干部，应该善于审时度势、果断决策。"[②] 当前，面对中华民族伟大复兴的战略全局和世界百年未有之大变局，改革发展稳定任务之重前所未有，矛盾风险挑战之多前所未有，多元思想文化交流交融交锋前所未有。在"三个更加多样"的环境下，面对"多党派""多民族""多宗教""多界别"的特点，人民政协必须更加清醒地认识和把握好"一致性和多样性"关系。对危害中国共产党领导、危害我国社会主义政权、危害国家制度和法治、损害最广大人民根本利益的问题，必须旗帜鲜明地反对，不能让其以多样化的名义大行其道。这是政治底线，不能动摇。除此之外，对其他各种多样性，

---

① 习近平：《在中央政协工作会议暨庆祝中国人民政治协商会议成立 70 周年大会上的讲话》，《中国政协》2019 年第 18 期。

② 《江泽民文选》第 2 卷，中央文献出版社 2006 年版，第 142 页

要尽可能通过耐心细致的工作找到最大公约数。人民政协存在的意义和价值,就是通过协商民主的方式,在多样性中寻求一致性。多样性越复杂,寻求一致性的任务越艰巨,政协性质就会表现得越突出,职能也会实现得越充分。

党的十九大报告更强调:"统一战线是党的事业取得胜利的重要法宝,必须长期坚持。要高举爱国主义、社会主义旗帜,牢牢把握大团结大联合的主题,坚持一致性和多样性统一,找到最大公约数,画出最大同心圆。"[1]在"船到中游浪更急、人到半山路更陡"[2]的改革开放关键时期,人民政协广泛凝聚共识的挑战更大、任务更重。

首先,社会主要矛盾变化为广泛凝聚共识提出新挑战。改革开放的深化意味着社会结构和利益格局日益多元,思想观念及政治诉求日益多样,利益博弈和阶层分化日益深刻。随着中等收入阶层的迅速增加和知识分子群体的扩大,权利意识、民主诉求更加凸显,人民对美好生活的向往除了物质需求,更指向精神和制度等高级层面。十九大报告将其总结为人民群众"在民主、法治、公平、正义、安全、环境等方面的要求日益增长"无疑是各界的普遍共识。

其次,统一战线面临的新形势对人民政协团结和吸纳不同政治和社会力量提出新要求。统一战线的基础是工农联盟,当前的工人、农民也完全不同于中华人民共和国成立初期,统一战线的结构已经发生了翻天覆地的变化。目前,新经济组织、新社会组织等新的社会阶层,以及这些组织中的知识分子,特别是留学人员、新媒体中的代表性人士、非公有制经济人士的年轻一代等人员成为统战工作的重点团结对象。尤其是在代际更替、体制外人员不断增加的背景下,国家认同、民族认同、政治制度、政

---

[1] 习近平:《决胜全面建成小康社会夺取新时代中国特色社会主义伟大胜利——在中国共产党第十九次全国代表大会上的报告》,人民出版社2017年版,第39—40页。

[2] 习近平:《在庆祝改革开放40周年大会上的讲话》,《求是》2018年第24期。原话是:"我们现在所处的,是一个船到中流浪更急、人到半山路更陡的时候,是一个愈进愈难、愈进愈险而又不进则退、非进不可的时候。"

治权威的认同构成新的挑战且难度不断加大。

最后,世界范围内意识形态斗争的新态势冲击既有的思想共识。随着中国日益走进世界舞台中心,中西制度竞争不可避免,意识形态挑战和文化渗透战略转移最容易在政党、民族、宗教等问题上制造纷争和离心倾向,通过这些热点、矛盾集中点放大问题、激化矛盾已经成为一些国家企图颠覆、演变中国的主要手段,尤其是互联网已经成为意识形态斗争的主战场、社会舆论的放大器和中国共产党执政面临的"最大变量"。而这些领域都是人民政协工作的主要内容,是人民政协在新时代要致力解决的重要矛盾,是人民政协要广泛凝聚共识的关键阻力。因此,新时代新使命使人民政协处于团结合作、凝心聚力的第一线。

历史地看,广泛凝聚共识既是人民政协存在的前提,也是人民政协发展的目的。人民政协最重要的功能就是借助不同的协商形式凝聚和达成对国家社会发展重大问题的共识,这种共识"是在承认差异和保护差异前提下达成的共识"①。其实质是求同存异、和而不同。现阶段不仅要求同存异,更强调求同化异。讲求同,就是求建设中国特色社会主义之大同,求祖国统一、实现中华民族伟大复兴之大同,就是坚定地把坚持和发展中国特色社会主义作为巩固共同思想政治基础的主轴。求同必须化异,化异不是不要包容,凝聚共识的过程就是在包容中不断消弭差异的过程。

2014年年初,习近平总书记在同党外人士共迎新春时说:"一个篱笆三个桩,一个好汉三个帮。实践证明,建立新中国,建设新中国,开拓改革路,实现中国梦,都需要各党派团体和各界人士齐心努力。越是处于改革攻坚期,越需要汇集众智、增进合力;越是处于发展关键期,越需要凝聚人心、众志成城。"②面对新问题、新挑战,人民政协需要以习近平新时代中国特色社会主义思想为指导,以中共中央关于人民政协的新部署、新

---

① 虞崇胜:《凝聚差异共识:人民政协的特有功能和独特优势》,《人民政协报》2018年11月7日,第8版。

② 中共中央文献研究室编:《习近平关于社会主义政治建设论述摘编》,中央文献出版社2017年版,第124页。

要求为遵循，更深入地拓展中国特色制度安排的作为空间，将广泛凝聚共识作为加强和改进人民政协工作的主线，在新时代发展中切实承载起我国社会发展新常态下吸纳、协商、整合各主要群体利益诉求的常态化互动通道，打牢共同团结奋斗的思想政治基础，将我国政治制度的独特优势转化为发展的行动合力。

三、广泛凝聚共识的具体要求

习近平总书记指出："有一种观点认为，现阶段深化改革不可能形成共识，甚至把形成改革共识说成是伪命题。不错，现在党内外对深化改革思想认识上有较大差异，但越是思想认识不统一就越要善于寻求最大公约数。在坚持改革这个重大问题上全党全社会是有广泛认知的。只要加强思想引导，把党内外一切可以团结的力量广泛团结起来，把国内外一切可以调动的积极因素充分调动起来，是完全可以形成共识的。"[①] 人民政协的制度运行主要是通过打造多样性交流交融的平台和借助不同的协商形式凝聚和达成对国家社会发展重大问题的共识，这种共识是在承认、保护、尊重差异前提下达成的共识，其实质是求同存异、和而不同。不同党派、民族、宗教、社团以至全球华人在客观层面往往会呈现出复杂的利益与价值格局，但共同的文化血脉必然存在"交叠共识"，如何能够引领这种"交叠共识"紧紧团结在中国共产党周围，达成最大的政治认同，是人民政协努力的方向。因此，凝聚共识说到底考验的是党的执政能力、政治引领能力。

首先就是要以执政党建设凝聚中国共产党领导的政治共识。党中央时刻把握改革脉搏，保持坚强的战略定力，贯彻党把方向、谋大局、定政策、促改革的要求，不断提升政治引领力，在凝聚共识中起着领导核心功能。人民政协要广泛凝聚共识，关键也在于各级政协党组织的坚强领导和积极引领。通过不断提高党的建设质量，改进工作方式方法，发挥各级政

---

① 习近平：《论坚持党对一切工作的领导》，中央文献出版社2019年版，第35页。

协党组在政协工作中的领导作用、基层党组织的战斗堡垒作用、政协组织中共产党员的先锋模范作用，善于将中共党员委员的力量组织起来、品格发扬起来，把党中央决策部署和对政协工作的要求落实下去。

其次是要以中国特色社会主义道路凝聚国家共识。百年来全球发生的最严重的新冠肺炎疫情曾在全球肆虐。疫情是对世界各国治理能力、制度体系的有效检验，中国在这次应对中，展示了一呼百应的号召力、众志成城的凝聚力和高效快速的执行力，得到了国际社会的普遍赞誉。上下齐心、共同抗疫的团结精神是国家新型治理体系优势和制度自信的直接反映。防控疫情是一场举国之战，国家是国民的坚强后盾，正是对举国之战国家共识的强化，让中国人民充满信心、从容应对。中国能够快速控制疫情，也是受益于这个共识。凝聚国家共识，意味着拥有共同历史记忆的中华儿女对于祖国从何而来、要到何处去的时代认知，进而增强对中华文明和中国道路的自豪感和自信心。

最后是以中华文化和人类命运共同体意识凝聚海内外共识。由于社会制度的不同，政治认同也会有差异，但"团结统一的中华民族是海内外中华儿女共同的根，博大精深的中华文化是海内外中华儿女共同的魂，实现中华民族伟大复兴是海内外中华儿女共同的梦"。[①] 中华文化共识是人民政协凝聚差异、扩大华人华侨团结面的深厚根基。延续数千年的中华文明具有独特的"和而不同""兼容并包""生生不息"的智慧标识，无疑是涉外界别委员及其所联系人群汲取文化营养、强化情感认同、增进文化共识的丰富资源。随着人民政协对外交往的不断扩大，政协组织在促进中外人文交流中的重要作用日益凸显。习近平强调："大国要像居于江河下游那样，拥有容纳天下百川的胸怀。中国愿意以开放包容心态加强同外界对话和沟通，虚心倾听世界的声音。"[②] 人民政协可以充分发挥组织、人才和

[①] 刘维涛，王尧：《共同的根共同的魂共同的梦　共同书写中华民族发展新篇章》，《人民日报》2014年6月7日，第1版。

[②] 习近平：《在德国科尔伯基金会的演讲》，《人民日报》2014年3月30日，第2版。

海外侨胞众多的优势,全面构建上下联系、内外统筹、官民并举、灵活多样的人文交流机制,在国际舞台讲好中华文明包容和平的故事、中国共产党治国理政的故事、中国人民奋斗圆梦的故事、中国与世界合作共赢的故事,以文明交流超越文明隔阂、文明互鉴超越文明冲突、文明共存超越文明霸权,推动形成"人类共同价值",增强海内外国际共识。

从这些要求出发,首先就是要加强思想政治引领,打牢团结奋斗的共同思想政治基础,这是新时代做好凝聚共识工作的前提。要把坚持和发展中国特色社会主义作为巩固共同思想政治基础的主轴,推动各党派团体和各族各界人士实现思想上的共同进步,在事关道路、制度、旗帜、方向等根本问题上统一思想和步调。因此,必须进一步健全落实党对政协工作全面领导的制度机制,各级政协党组要切实肩负起实现党对人民政协领导的重大政治责任,确保政协始终在党的领导下主动负责、协调一致地开展工作。要紧紧抓住加强思想政治引领、广泛凝聚共识这个中心环节谋划部署工作、督促检查落实,把党的主张和重大决策部署转化为政协决定、决议和委员共识,确保广大政协委员在政治立场、政治方向、政治原则、政治道路上始终同中共中央保持高度一致。

从工作对象出发,人民政协要做好政协委员凝聚共识的工作,使参加人民政协的各界代表人士能够通过政协的细致工作,引导委员增进对中国共产党和中国特色社会主义的政治认同、思想认同、理论认同、情感认同。同时,积极发挥政协委员的桥梁纽带作用,"凝聚共识工作不容易做,大家要共同努力"①。政协委员普遍具有良好的思想政治素质、专业素质、文化素质和较强的参政议政能力,是各种社会关联中的关键人物。他们既是统战工作对象,同时也是可以依靠的统战力量,是中国共产党做好各阶层和群众统战工作的重要帮手,可以对所联系的群众起到团结引导作用,以点带面,积极塑造和传播共识。政协委员通过政协协商履职,利用

---

① 习近平:《在网络安全和信息化工作座谈会上的讲话》,《人民日报》2016年4月26日,第2版。

自身专业知识和影响力，面向社会及时宣传解读党的方针政策，主动回应群众关切，反映界别群众诉求，在群众中传播共识。在政协内部，把共同目标作为各党派团体、各族各界代表人士的奋斗动力源和方向标，是凝聚共识；面向社会，把党的方针政策宣传解读好，也是凝聚共识。

第二节　广泛凝聚共识的具体路径

党的十九届四中全会决定指出："发挥人民政协作为政治组织和民主形式的效能，提高政治协商、民主监督、参政议政水平，更好凝聚共识。"[①] 人民政协要通过有效工作，努力成为坚持和加强党对各项工作领导的重要阵地、用党的创新理论团结教育引导各族各界代表人士的重要平台、在共同思想政治基础上化解矛盾和凝聚共识的重要渠道。广泛凝聚共识需要各级政协党组织强化使命和担当意识，在认真处理一致性和多样性问题上要有新举措；需要从战略高度将政协工作置于党委工作大局中来谋划，发挥政协党组织的整体功能，把党的主张通过民主程序转化为政协组织的决定，把党的决策部署转化成为政协各党派团体和各界人士的思想政治共识和自觉行动。形成上下贯通的工作机制，切实在制度化的合作共事中加强引领，提升凝聚共识的能力。这是加强思想政治引领、广泛凝聚共识的具体要求，同时指明了它的实现途径。

一、以政治协商民主程序凝聚共识

"中国人民政治协商会议"这个名称就道出了政治协商在人民政协工作中的分量。在中华人民共和国成立初期阐明人民政协性质时，就说得很清楚："在同各民主党派和人民团体关系上，协商委员会不是它们的领

[①] 《中共中央关于坚持和完善中国特色社会主义制度　推进国家治理体系和治理能力现代化若干重大问题的决定》，人民出版社2019年版，第11页。

导机关,而是它们的协商和团结合作的机关。"①协商和团结合作贯穿政协工作的始终。毛泽东同志说:"我们政府的性格,你们也都摸熟了,是跟人民商量办事的,是跟工人、农民、资本家、民主党派商量办事的,可以叫它是个商量政府。"②商量政府要有专门的商量机构来配合,这就是人民政协。

人民政协的协商从来就不是简单的社会事务的协商,人民政协所具有的智力雄厚、代表性强、位置超脱、下通各界、上达中央的独特优势,使它可以深入研究一些具有全局性、根本性、前瞻性的问题,显示了它作为制度化政治参与的专门协商机构的不可替代性和独特性。人民政协协商民主是坚持和完善党的领导的一种方式,人民政协将协商民主贯穿于履职的全过程,就是要通过政治协商找到最大公约数、沟通思想、群策群力。在这个过程中,协商是手段,凝聚共识、凝聚力量是目的,通过协商来带动广大委员贯彻党的方针政策。"凝聚共识"的本质,就是统一战线的"大团结大联合"。"从广义上说,在协商中,各党派团体、各族各界人士接受党的主张是凝聚共识;中国共产党采纳并集中大家的意见建议,体现在国家大政方针中,也是凝聚共识。在政协内部,把共同目标作为奋斗动力源和方向标,是凝聚共识;面向社会,把党的方针政策宣传解读好,也是凝聚共识。在协商中,通过有效的说理说服,增信释疑,解开界别群众的'思想疙瘩',是凝聚共识;在不同场合运用不同方式理顺情绪、化解矛盾、克服极端,也是凝聚共识"③。所以说,凝聚共识的含义很广,是面对政协内外,采用不同方式手段的综合性工作。

高质量的协商成果来自对指导方向和价值目标的准确把握,人民政协的性质决定了政协组织协商活动的目的、取向和议题选择。人民政协不是权力机关、不做决策。各方面人士在政协这一平台上积极建言资

---

① 陈喜庆:《关于人民政协作为统一战线组织形式的几个问题》,《人民政协报》2016年12月28日,第8版。
② 《毛泽东文集》第7卷,人民出版社1999年版,第178页。
③ 刘佳义:《论凝聚共识》,《中国政协理论研究》2019年第4期。

政，主要目的是为了增进发展共识、促进民主团结。凝聚共识、凝聚力量是政协协商议政的方向和目的，协商交流是政协凝聚共识和凝聚力量的途径和方法。因此，人民政协的协商议政不能是没有原则、没有边界的言论自由，在事关道路、制度、旗帜、方向等根本问题上必须坚持立场不含糊、原则不动摇。广泛、深入地协商建言，发挥各界人士参与社会主义事业建设的积极性、主动性，广泛听取不同的意见和建议、接受批评和监督，使各种利益诉求进入决策程序，形成发现和纠正决策失误的机制，才能把各方面实现民族复兴的智慧力量凝聚起来；同时在协商建言过程中加强思想政治引领，切实增进各方面人士对中国共产党的政治认同、思想认同、理论认同、情感认同。由此，才能把中共的各项方针政策贯彻落实下去。这要求人民政协的协商要从有利于加强党的领导出发，使协商议政的过程成为思想引领、政策宣传、释疑增信的过程，成为沟通情况、换位思考、交换看法的过程，凝聚起对党和国家大政方针的共识，自觉做中国共产党的好参谋好帮手好同事，形成同心同德贯彻落实党和国家决策部署的强大合力，在最大限度地凝聚共识、凝聚人心、凝聚智慧、凝聚力量方面发挥出强大的功能。

人民政协的政治协商要在不断完善程序、充分发扬民主、鼓励畅所欲言的同时，认真做好对政协委员的政治引领和思想引导工作，切实把握好协商议政的边界和底线。发展协商民主，也有一个分寸上的问题，不是说什么都可以质疑，不是说四项基本原则也是可以质疑的。这些工作要做在平常，因为每每到关键时刻、敏感时期，这种问题可能就冒出来了，一叶知秋，窥一斑而知全豹，如果出现一些苗头性问题就要加强指导、防患于未然。讲民主不是不要原则，一定要坚持党的领导和社会主义制度，这是宪法所规定的基本底线。政协不能为对党的领导有意见甚至反对党中央决策的人提供发声平台。政协委员履职不是在从事形式化工作，而是要达成实质性共识性。不说极端话，不做过头事，着力巩固参加政协各党派团体和各族各界人士的共同思想政治基础,在涉及大是大非问题上必须固守底线圆心、旗帜鲜明,在一些敏感点、风险点、关切点问题上要强化思想政治引领。

政协协商不同于决策性协商,不是要做出什么决定或决议,也不是利益性协商,解决具体的利益问题,而是共识性协商,也就是尽可能取得一致意见,形成共识。要着眼增强协商主体的代表性、包容性,进一步优化界别委员构成,不断扩大政协的团结面。要充分保障各方面通过政协发表意见的民主权利,发扬求同存异、体谅包容的优良传统,贯彻民主协商、平等议事的工作原则,营造畅所欲言、各抒己见的民主氛围,创设不同诉求有序表达、不同观点平等交流、利益关系统筹平衡的新机制,以协商民主促有序政治参与,以社会参与促团结引导,以文化共识促政治共识。

政协协商在民主程序上要探索开放平台,运用网络、媒体等形式吸收群众代表、专家学者参与协商民主,拓展协商渠道。着力在搭建更开放、更务实、更亲民协商平台上下功夫。让不同层面的人聚到一起,共同就公共事务话题发声,并通过与媒体、网络的结合,把党委政府的决策部署及时传播出去、宣传开来,从而最大程度地汇集民智,最大程度地凝聚共识。关键是要在正确的引导下充分组织政协委员及所联系的群众参与到公共事务的讨论、分辨、整合上来,通过主体的主动参与来做好思想政治引导工作。目前,人民政协履行政治协商的经典模式就是"两会制度"。每年年初,人民代表大会和政治协商会议同时召开,成为对我国政治、经济、文化、社会发展有着决定性影响的盛会,为社会各界和人民群众提供了有序政治参与的良好契机。在每年的人民政协全体会议中,政协委员活跃于国家公共政治生活中,媒体、网络全方位报道政协协商,一些提案、发言和采访报道在社会中引发强烈的反响,这是凝聚全社会共识的关键时刻。

人民政协不仅是汇集治国智慧的场所,也是凝聚政治力量的场所。政协委员来自社会各界的精英人才,具有较强的公共理性和建言献策能力，可以为国家的治理倾其才能、贡献智慧。而在民主程序的具体运用和实现方式上，人民政协广泛构建了全体会议、常务委员会会议、主席会议、秘书长会议、专门委员会会议、各类专题会议等会议制度，通过会议商讨，专题调研，提交提案、建议案、调研报告等方式实现各方的民主协商。近几年来，每年的政协大会伴随着我国社会的发展进步，协商讨论的焦点已经日益落实到民主政治的核心问题。比如，国家财政该有多少落到民生建设上、公务员的财产什么时候公示、个税的起征点该是多少？教育、医疗、环境等公共改革问题如何有效推进？政协是由不同的党派、团体、行业、界别构成的，这种构成可以反映出当前社会利益矛盾的具体表现。在近几年的政协会议上，不同利益群体的表达非常强烈，广大群众也积极地参与到政协的议题中来。把这些社会冲突的焦点问题拿到人民政协这个平台上来讨论，无疑可以通过协商、辩论矫正一些偏向，达成社会的普遍共识，充分引起大家的共同关注，协同解决社会难题。如今的政协会议通过网络、手机、电视的互动，使不同群体利益表达越来越多。人民政协正是发挥了制度内的潜力和优势，为社会发展和社会稳定做出了独特的贡献。

二、以民主监督制度运行凝聚共识

政协的民主监督是人民监督理论的重要组成部分。我们党一直非常重视来自党外人士的监督。毛泽东在中华人民共和国成立初期就强调："各党派互相监督的事实，也早已存在，就是各党派互相提意见，作批评。所谓互相监督，当然不是单方面的，共产党可以监督民主党派，民主党派也可以监督共产党。为什么要让民主党派监督共产党呢？这是因为一个党同一个人一样，耳边很需要听到不同的声音。大家知道主要监督共产党的是劳动人民和党员群众。但是有了民主党派，对我们更为有益。"[1] 邓小平

---

[1] 中国人民政治协商会议全国委员会研究室，中共中央文献研究室第四编研部编：《老一代革命家论人民政协》，中央文献出版社1997年版，第249页。

同志指出:"有监督比没有监督好,一部分人出主意不如大家出主意。共产党总是从一个角度看问题,民主党派就可以从另一个角度看问题,出主意。这样,反映的问题更多,处理问题会更全面,对下决心会更有利,制定的方针政策会比较恰当,即使发生了问题也比较容易纠正。"①1982年12月通过的中国人民政治协商会议章程明确规定了政治协商、民主监督是政协的两项基本职能。但是,过去很长时期,大家都普遍认为人民政协民主监督工作比较薄弱,不敢监督、不愿监督、不会监督的现象非常突出。人民政协民主监督长期以来缺乏理论指导、缺乏制度运行,在理论研究和现实动作上都存在许多意见和矛盾。

　　党的十八大以来,以习近平同志为核心的新一届中央领导集体高度重视民主监督问题。习近平总书记在2015年5月18日的中央统战工作会议上专门指出:"一些领导干部怕监督、不愿意被监督,觉得老是有人监督不自在、干事不方便。古人说:'距谏者塞,专己者孤'。如果把监督当成挑刺儿,或者当成摆设,就听不到真话、看不到真相,有了失误、犯了错误也浑然不知,那是十分危险的。"②习近平总书记多次强调要营造宽松民主的协商环境,鼓励不同意见交流和讨论,真正形成知无不言、言无不尽的氛围;要从制度上保障和完善民主监督,探索开展民主监督的有效形式。2017年颁发的《关于加强和改进人民政协民主监督工作的意见》(以下简称《意见》)确定了人民政协民主监督是依据政协章程,以提出意见、批评建议的方式进行的协商式监督。《意见》特别指出:"监督的目的是协助党和政府解决问题、改进工作、增进团结、凝心聚力。"所以,搞好人民政协民主监督,首先要求站稳立场,把握方向,明确目的。人民政协民主监督是在坚持中国共产党的领导、坚持中国特色社会主义基础上,参加人民政协的各党派团体和各族各界人士在政协组织的各种活动中,依据政

---

① 《邓小平文选》第1卷,人民出版社1994年版,第273页。

② 习近平:《深刻认识做好新形势下统战工作的重大意义》,选自中共中央文献研究室:《十八大以来重要文献选编》(中),中央文献出版社2016年版,第563页。

协章程,以提出意见、批评建议的方式进行的协商式监督。与党内监督、人大监督、司法监督、舆论监督、群众监督等其他监督方式相比,人民政协民主监督的独特性及不可替代性在于,它主要依靠民主的力量以及其所拥有的较强的政协话语权和社会影响力,发挥对权力运行特殊的制约、监督和影响作用。人民政协上达中央、下通各界、联系广泛、精英荟萃,是执政党和政府联系社会各界的桥梁纽带,这种独特的机构特性决定了人民政协民主监督的重要价值在于它以组织的力量为民主权利制约权力搭建了平台,以其无可比拟的政治性、程序性、组织性来体现监督的有效性、针对性和影响力。

从协商民主的大格局来看,民主监督主要是为了实现民主,是一种协商性的、合作性的监督。"民主"是"监督"的前提,没有民主,就谈不上监督。民主性原则要求执政党必须贯彻人民民主理念,用民主的作风、民主的机制集中反映人民的智慧、利益、要求和愿望。但不能以民主监督工作薄弱为由要求政协民主监督"法律化""权力化",要"说了算""硬起来",这就脱离了协商式监督的本意。人民政协民主监督作为多党合作的重要内容,作为政治惯例和政治传统,如果所提意见建议和批评一定要具有法律的约束力和强制性,那就不是"民主"了。

《意见》强调了要"明确监督内容,完善监督形式,规范监督程序,健全监督机制",以此来完善人民政协民主监督制度运行。首次明确了详细的监督内容:一是国家宪法法律和法规实施情况;二是党和国家大政方针,重大改革举措,重要决策部署贯彻执行情况;三是国民经济和社会发展规划年度计划落实情况,财政预算执行情况;四是涉及人民群众切身利益的实际问题,解决落实情况;五是国家机关及其工作人员遵纪守法,加强作风建设、密切联系群众,开展反腐倡廉等情况;六是政协提案建议案和其他重要意见建议办理情况;七是参加政协的单位和个人贯彻统一战线方针政策,遵守政协章程,政协决议情况;八是党委交办的其他监督事项。这其中"党和国家大政方针,重大改革举措,重要决策部署贯彻执行情况""国民经济和社会发展规划年度计划落实情况,财政预算执行情况"等监督内容都是以前所没有明确的,这为落实民主监督提供了具体的举措和抓手。政协民主监督需要面对的问题一般都是利益矛盾错综复杂,分管部门众多、环节复杂、推诿扯皮的问题,政协作为联系广泛的政治组织,运用独特制度优势将各方面沟通串连起来,共同面对问题、寻求共识、寻找解决方案,提出有分量的意见和建议。比如,2014年腾格里沙漠污染事件被媒体曝光以后,引起社会各界的广泛关注。全国政协组织委员到内蒙古自治区、宁夏回族自治区等地开展追踪调研监督,明察暗访,为推动有关单位的整改和污染治理发挥了积极的作用。2016年,全国政协还组织了多项与法治有关的调研,同中央政治法律委员会、最高人民法院、最高人民检察院、公安部、民政部、人力资源与社会保障部、应急管理部、全国总工会等单位建立了密切联系,推动了不少政策的出台和落实,民主监督取得了实质性成果。

近几年,人民政协不断完善民主监督的组织领导、权益保障、知情反馈、沟通协调机制。重视发挥协商会议、视察、提案、建议案、专题调研、大会发言、反映社情民意信息、委员举报等机制在民主监督中的作用。针对政协各种协商活动特别是专题议政性常务委员会会议、专题协商会、协商座谈会,等等,增加民主监督内容、加大民主监督力度。全国政协围绕打赢脱贫攻坚战、自然保护区政策、草原生态保护等问题开展协商式监督,不仅有力地助推了党和国家相关决策部署落实,而且在参与监督的过程中,社会各界人士切实体会到国家和社会发展中重大问题的重要意义,增加了对国家制度体系的认同,巩固了团结奋斗的思想基础和发展共识。

三、以参政议政有效工作凝聚共识

人民政协的参政议政是对政治、经济、文化、社会生活和生态环境等方面的重要问题以及人民群众普遍关心的问题,开展调查研究,反映社情民意,进行协商讨论,通过调研报告、提案、建议案或其他形式,向中国共产党和国家机关提出意见和建议。在实际的工作实践中，人民政协通过开展多种工作深化参政议政作为。目前，人民政协通过参政议政的工作凝聚共识的主要形式有如下几种。

一是提案工作。提案工作是目前政协参政议政中非常规范，又具有刚性约束力的工作，是政协履职的一大标志。人民政协成立70多年来，先后共提出10多万件提案。政协提案在国家经济社会发展中发挥了重要作用。比如，关于计划生育的提案、修建三峡的提案、恢复教师节的提案等，都产生了较大影响，在社会上发挥了很好的凝聚共识作用。目前，全国政协围绕强化协商民主建设的实际效能，注重提高提案质量，增加集体提案比重，围绕建言资政与凝聚共识双向发力，深化提案办理协商。

二是政协大会发言。政协委员在政协大会上公开发言是人民政协独特的、影响深远的一项参政议政活动。20世纪80年代，中国人民政治协商会议第六届全国委员会第一次会议开始恢复大会发言制度，政协委员登上人民大会堂的讲台纵论国事，充分显示了人民政协参政议政的活跃性、严肃性和庄重性。近几年，人民政协的大会发言精彩纷呈、反响强烈，在社会上产生了很大的影响，成为政协形象的一个重要窗口。比如，在2013年3月8日的两会上，全国政协委员周新生作了《尽量让国人不求人少求人》的发言，引起了强烈的社会关注。当晚，白岩松在电视直播评论中称："周新生委员精彩发言的话题人人心中有，个个笔下无，掷地有声，击中了时代的腰眼。"之后，《人民日报》、地方党报、各大网站等媒体做了报道或全文刊登了周新生的发言稿。[①] 人民政协也通过这样的委员议政，展现了思想政治引领、凝聚发展共识的强大功能。

三是视察调研工作。视察调研是指政协组织委员深入实际、深入基层、深入现场，对党和国家重大方针政策的贯彻落实、经济社会发展中重大项目的规划建设，进行巡视察看，资政建言。视察工作作为政协履行职

---

① 杜冰：《全国政协委员周新生：我为什么要说"不求人、少求人"》，《金融时报》2016年3月12日，第4版。

能的一种重要形式,在我国历史发展的各个时期,为完成党和国家中心任务发挥了积极作用。比如,中华人民共和国成立初期,很多党外人士对党的土改政策有不同的看法,甚至存在反对的意见。1951 年 5 月到 1952 年 2 月,人民政协先后组织了中央及北京、天津两市的各民主党派、人民团体、政府机关的干部与文教界、科技界、医务界、工商界、宗教界人士等共 6107 人,分 47 个土地改革参加团,5 个土地改革参观团,分赴华东、中南、华北和西北地区参加或参观土改工作。通过实地考察,很多党外人士改变了对土改的看法。比如,著名的党外人士梁漱溟参观土改后发出感慨:"此次到西南参加土地改革,在下面看了看,才知道高高在上的北京政府竟是在四远角落的农民身上牢牢建筑起来;每一个农民便是一块基石。"①实践是检验认识正确与否的唯一标准,思想认识问题的最终解决还是要依靠鲜活生动的具体实践。政协委员多是各方面的专家,对本职岗位的现实很熟悉,他们缺乏的是对社会,尤其是在我国这样大规模、多差异的整体社会中基层社会的客观规律性认知,因此在协商与参政过程中容易产生一孔之见、以偏概全的问题。人民政协的视察、考察工作,是委员深入实际、联系群众、了解和反映社情民意、了解党和国家的方针政策贯彻落实情况的重要途径,是委员履行政治协商、民主监督、参政议政职能并通过参与具体的社会实践凝聚共识的一种有效方式。这些活动能够真正触及委员们的思想,使委员对我国国情、经济社会发展状况、存在的突出问题有清醒而全面的认识,从而打牢团结奋斗的思想政治基础、有效凝聚共识。

2018 年,全国政协围绕精准扶贫精准脱贫,6 位副主席带队赴"三区三州"("三区"是指西藏、新疆南疆四地州和四省藏区;"三州"是指甘肃的临夏州、四川的凉山州和云南的怒江州,是国家层面的深度贫困地区)等地区深入调研,召开解决深度贫困地区脱贫问题专题议政性常委会会议,集中协商议政对推动脱贫攻坚发挥了积极作用,也使党外人士更加

---

① 梁漱溟:《两年来我有了哪些转变?》,《光明日报》1951 年 10 月 5 日。

深入了解国情、增进制度自信、引发情感共鸣。正如朱永新委员所指出的："通过自己专业上的不同认识，通过对民间走访摸到的一手信息，通过对具体问题进行的深入调研，就能够把自己变成形成共识的一个个小小枢纽。"① 这"一个个小小枢纽"串联起了形成共识的线和面，汇聚起团结一致的强大力量。

四是坚持和创新委员学习制度。汪洋主席指出："人民政协在学习中走到今天，更要在学习中走向未来。"② 面对新时代新方位新使命，人民政协必须继承学习的光荣传统，把学习作为各级政协组织和广大政协委员的政治责任，作为加强思想政治引领的有效途径，更加崇尚学习、积极改造学习、持续深化学习，努力使思想、能力、行动跟上中共中央的部署要求和人民政协事业发展需要，努力使建言资政更加建之有方、言之有理、资之有效。凝聚共识不是无原则的迁就妥协，而是有方向的启发引领；不是单向度的灌输说教，而是互动式的协商讨论；不是表面上的附和敷衍，而是内心的深刻认同；不是快餐式的立竿见影，而是长期性的润物无声，要摒弃视不同意见为添乱、把强加于人作共识、将沟通商量当麻烦等错误观念，以道交友、以诚待人、以理服众、以商求同，不断通过加强学习明共识、协商交流聚共识、团结—批评—团结增共识。人民政协要通过积极有效的工作，组织委员认真学习中国共产党的历史、统一战线的历史、人民政协的历史，积极研究传播中华文明的协商共治传统、家国责任伦理、和而不同的包容理念与天下为公的政治情怀，积极营造平等、包容、理性的协商文化氛围，不断促进政治认同、思想认同。同时，让每一次协商议政的过程成为委员学习、提高思想认识的过程。尤其是要注重根据政协大家多、名家多、专家多的特点，开设委员讲座、委员讲堂。通过这种方式，充分激发政协委员的内生动力

---

① 朱永新：《共识凝聚力量》，《人民政协报》2019年3月8日，第1版。
② 汪洋：《在全国政协十三届二次会议闭幕会上的讲话》，《人民日报》2019年3月14日，第1版。

和学习积极性，使学习教育成为一种心情舒畅、生动活泼的政治生活，达到增进共识、巩固政治基础的效果。

围绕新时代人民政协的新方位新使命，全国政协十三届从一个"学"字开始，全面开拓创新委员学习工作。2018年5月至9月，全国政协系统集中开展习近平总书记关于加强和改进人民政协工作的重要思想学习研讨活动，实现了全国和地方各级政协委员参与全覆盖。为深入学习贯彻习近平新时代中国特色社会主义思想，全国政协党组成员分别牵头，会同主席会议党外成员组成11个学习小组，每季度组织有关专委会和界别委员进行学习交流。2018年10月26日，全国政协印发了《关于加强和改进全国政协委员学习工作的方案》，为更好开展委员学习工作提供了重要遵循。

为更好地发挥新时代人民政协专门协商机构作用、加强思想政治引领，全国政协十三届探索建立了委员宣讲团制度。委员宣讲活动紧扣党和国家中心任务，结合政协实际，精选宣讲主题，扩大宣讲范围，受到了社会各界广泛关注和好评，品牌效应不断显现，凝聚共识的功能不断提升。2021年，全国政协重大专项工作委员宣讲团研究确定中共党史学习教育、学习贯彻党的十九届六中全会精神、"十四五"开好局起好步、深化学习贯彻习近平总书记关于加强和改进人民政协工作的重要思想及中央政协工作会议精神、落实《中国共产党统一战线工作条例》、纪念辛亥革命110周年和坚持大团结大联合等6大主题，组织12名全国政协委员，在全国政协机关及干部培训中心和8个省区市政协举办11场宣讲活动，面向各级政协委员、参加政协的各党派团体和各族各界人士凝聚共识，面向社会传播共识。① 通过讲好中国共产党的故事、政协故事、多党合作故事，委员宣讲活动在实现解疑释惑、回应社会关切等宣传工作效能的同时，有力推动了各党派团体、各族各界代表人士和界别群众实现思想上的共同进步

---

① 刘彤：《为人民政协宣传思想工作留下精彩篇章——2021年全国政协重大专项工作委员宣讲活动综述》，《人民政协报》2022年2月16日，第1版。

和思想情感的同频共振,有力地弘扬了主旋律,传播了正能量。

2021年,聚焦庆祝中国共产党百年华诞,筑牢共同思想政治基础,全国政协深入开展了以中共党史为重点的"四史"教育,以党内引领党外、分层次开展学习,突出政协特色,发挥委员主体作用,注重凝聚共识,着力学史明理、学史增信、学史崇德、学史力行。结合视察考察调研就近参观红色教育基地,组织覆盖34个界别的委员专题视察团赴江西、贵州等地革命旧址重温党的伟大历史,深化思想教育。制作播出"赓续共产党人精神血脉"等委员讲堂,组织参观"'不忘初心、牢记使命'中国共产党历史展览",举办中共八大历史陈列展、党旗国旗军旗诞生珍贵史料展,引导委员在体验式学习中坚定理想信念。把学习中共党史贯穿48个主题读书群,385名全国政协委员分别担任群主、导读,委员发言27万余条,浏览量超过142万人次,举行"品读红色经典"等线下讲读会,分享思想感悟,凝聚奋进力量。①通过学习教育,委员们进一步深刻理解了中国共产党人的初心使命,切实增进了政治认同、思想认同、理论认同、情感认同。

开展委员读书活动,是全国政协十三届适应党和国家工作大局、专门协商机构职责要求推出的另一项履职创新举措。2020年4月,全国政协委员读书活动启动之际,习近平总书记作出重要指示,强调全国政协开展委员读书活动很有意义。通过读书学习增长知识、增加智慧、增强本领,做到懂政协、会协商、善议政,既是新时代政协委员履职尽责的内在要求,也是把人民政协制度坚持好、把人民政协事业发展好的重要举措。此后,读书日益成为各级政协委员履职工作的新常态、日常生活的新内容、互动交流的新渠道。在全国政协的倡导引领和试点省份的示范带动下,目前,31个省、自治区、直辖市政协均建立了委员读书工作机制,大部分省级政协在委员移动履职平台上设置读书专栏,有的省级政协实现

---

① 汪洋:《中国人民政治协商会议全国委员会常务委员会工作报告——在政协第十三届全国委员会第五次会议上》,《人民日报》2022年3月11日,第3版。

了省市县三级政协联动读书,"书香政协"建设的覆盖面不断延伸。"爱读书、勤读书、善读书"在政协委员中蔚然成风,书卷气成为委员最鲜明的气质,书香味成了政协最沁人的味道。如今,委员读书活动已经不是政协履职工作的"副产品"和"衍生品",而是政协工作的"主打产品""拳头产品"。如今,读书已经不再仅仅是政协内部的事,正在不断发挥出正向溢出效应,立足委员读书"内循环",打通社会"外循环","书香政协"助推实现"全民阅读",在社会各界产生了深远影响。

另外,人民政协还注重通过加强联谊交友功能不断凝聚人心、凝聚共识。习近平总书记强调,党委主要负责同志要带头参加政协重要活动,带头广交深交党外朋友。一是要着眼经济社会发展和统一战线内部结构变化,不忘老朋友,结交新朋友;扩大团结面,增强包容性,健全同党外人士的沟通联络机制,畅通表达渠道;明确政协党组织和政协党员委员的交友责任,深入细致地做思想政治工作,着力解决深层面的思想认识问题,把更多的人团结在党的周围,为打牢思想政治基础、有效凝聚共识做出贡献。要有意识地与民族、宗教界人士交流交往,在事关中华民族长治久安的民族、宗教等问题上多研究一些具有综合性、战略性、前瞻性的重大问题,发挥各界别爱国人士的作用,宣传党的统一战线的工作方针和政策,坚持在"导"上下功夫,导之有方、导之有力、导之有效,积极引导各界人士化解难题,弥合分歧、形成共识。同时,人民政协通过联谊活动推动两岸同胞共同弘扬中华文化,深化中华民族共同体认同,促进心灵契合,为祖国统一贡献力量。努力争取中间力量,转化消极力量,争取达到海内外统战群体最大的思想政治共识,为中华民族强起来贡献智慧,为中国争取一个稳定的外部政治环境、外交环境和国际舆论环境,为淬炼人类共同价值、建构人类命运共同体凝聚共识。

第五章

强化政协委员的责任担当

在中央政协工作会议暨庆祝中国人民政治协商会议成立70周年大会上，习近平总书记指出："政协委员作为各党派团体和各族各界代表人士，由各方面郑重协商产生，代表各界群众参与国是、履行职责。这是荣誉，更是责任。广大政协委员要坚持为国履职、为民尽责的情怀，把事业放在心上，把责任扛在肩上，认真履行委员职责。""要不断提高思想水平和认识能力，广泛学习各方面知识，准确把握政协履职的方式方法，深入调查研究，积极建言献策，全面增强履职本领。要发挥桥梁纽带作用，在界别群众中多做雪中送炭、扶贫济困的工作，多做春风化雨、解疑释惑的工作，多做理顺情绪、化解矛盾的工作。"[①]并且把"强化委员责任担当"作为当前和今后一个时期，人民政协尤其要抓好的三项工作之一。加强和改进人民政协工作，关键在于发挥政协委员的主体作用，这是人民政协工作的优势所在、活力所在。新时代的政协委员既要做到"懂政协、会协商、善议政"，又要"守纪律、讲规矩、重品行"，即政治过硬，又本领高强；坚持为国履职、为民尽责的情怀，把事业放在心上，把责任扛在肩上，认真履行委员职责；主动适应新形势新任务，着力提高政治把握能力、调查研究能力、联系群众能力、合作共事能力。

---

① 习近平：《在中央政协工作会议暨庆祝中国人民政治协商会议成立70周年大会上的讲话》，《中国政协》2019年第18期。

第四章　广泛凝聚共识

第一节　政协委员的产生机制、责任担当和履行职能

逆耳之言总比众口一词更为周全得当。在全国两会这样一个最需要真诚建言、大胆建议的地方，代表委员的声音，直接影响着巍巍中国的现代转型。"对于代表或委员来说，真切反映人民的心声，是一份沉甸甸的责任。各个群体意见依靠他们来发声，各种利益诉求仰仗他们表达。一定意义上讲，声音的重量正体现在表达权、话语权上。不主动表达就浪费了权利，放弃了发声也就丢弃了责任。"[1]政协委员不是一个简单的称谓，而是一种责任的重托。党的十八大以来，人民政协对政治协商履行职责提出了更高的要求，把政协委员的权利、义务、职责明确写入了2018年新修订的政协章程中。2023年的《中国人民政治协商会议章程修正案》在工作总则中增写"学习中共党史、新中国史、改革开放史、社会主义发展史"，在委员一章中增写"坚持为国履职、为民尽责"，增写对常务委员会组成人员违纪违法的相关处理决定等内容。充实这些内容，有利于加强政协履职能力建设和委员队伍建设，落实好"懂政协、会协商、善议政，守纪律、讲规矩、重品行"的要求，引导委员当好人民政协制度参与者、实践者、推动者。[2]政协全国委员会在建章立制上紧锣密鼓地出台了一系列与政协委员密切相关的履职标准，指导着新时代政协委员履职工作的开展。

一、政协委员由协商程序郑重产生

与人大代表不一样，我们国家的政协委员不是通过选举产生的。根据有关规定，我国政协委员产生的具体运作步骤共有四步：一是提名推荐。推荐全国委员会委员名单，由各党派中央、各人民团体、无党派民主

---

[1] 李斌：《声音的重量》，《人民日报》2014年3月3日，第4版。
[2] 《全国政协办公厅负责人就〈中国人民政治协商会议章程修正案〉答记者问》，《人民日报》2023年3月19日，第4版。

人士、各个界别等团体协商提出。在地方的全国委员会委员，由各省、自治区、直辖市协商推荐。二是协商确定建议名单。对各方面提出的推荐名单由中共党委组织有关部门综合平衡，反复同各推荐方面协商形成建议名单。三是由各级人民政协常务委员会会议通过。将委员建议名单提交常务委员会会议进行协商和表决，经全体常务委员过半数同意予以通过。四是公布。经常务委员会会议通过的委员，由政协办公厅（或办公室）分别通知推荐单位和个人，向委员发委员证书，并通过新闻媒介向社会公布。从产生过程看，政协委员是有严格的政治标准、规范的民主程序的。这种政治方式郑重赋予政协委员的是各界群众的托付和期望。

　　人民政协从一成立就强调由参加单位和个人组成。1954年，第一次全国人民代表大会召开后，首部政协章程就指出："中国人民政治协商会议全国委员会由各民主党派、各人民团体推出的代表组成，有必要的时候可以邀请个人参加。少数民族和华侨应当有适当的名额。"[①]周恩来同志在谈到第二届全国委员会委员安排原则时强调，"全国人大代表绝大多数没有参加政协，这是因为全国人民代表大会是最高国家权力机关，既然已经是人大代表，就不一定参加政协了"。他还强调，特邀代表的重点是要放在"扩大团结面上"，"政协不是一盆清水，如果是一盆清水就没有意思了"。"我们要吸收不同意见的人在一起，要善于和这些人一起协商，团结他们。这样，政治协商会议才能前进，才能有利于国家建设。"[②]这就明确规定了政协构成的特定范围，进而将政协委员同人大代表的构成做了区分。

　　"界别"，是我国政协组织的一个特有用语，显示了政协的独特个性。"界别"是对不同社会阶层、不同社会群体，按照党派、人民团体、行业、系统等做出的一种区分方式，是社会阶层结构在政协组织中的反映。在我

---

① 政权全国委员会办公厅，中共中央文献研究室编：《人民政协重要文献选编》（中），中央文献出版社、中国文史出版社2009年版，第214页。

② 中国人民政治协商会议全国委员会研究室，中共中央文献研究室第四编研部：《老一代革命家论人民政协》，中央文献出版社1997年版，第180—181页。

国政治体制的设计和政治架构的运作上,通过选举产生人民代表大会的代表,通过协商产生政协委员。人民代表大会的代表体现区域性,政协委员体现界别性。人民政协的协商性安排体现了党内外的团结和力量整合。"政协委员会构成和界别设置的这种特殊规定,不能简单认定为随意性或程序不规范,这恰恰是我国政治体制的独特设计和政治架构运作上的特色。审慎地对待和保留委员产生和界别设置上的协商性、伸缩性十分必要,不能简单地用划一的、刚性的选举办法去论证和加以取代。"① 政协委员不是按照整齐划一的标准吸收组成的,政协委员和政协界别体现出来的代表性,既表现为组成上的广泛性,更表现为政治上的包容性。各个界别之间存在着明显的差异,在世界观、宗教信仰等诸多方面存在着很大的不同。界别功能的具体发挥显然不宜做硬性统一的要求,在责任担当、影响范围、方式方法的选择等方面也应当有所区别。

在我国政治制度的安排中,政协委员一般都是在单位、团体本职工作岗位之外的时间从事政协活动。所以,强调责任担当需要理解好政协委员工作与单位本职工作的关系。政协委员要强化责任担当,必须转变把政协履职当作业余活动、当作荣誉称号、政协活动可参加可不参加的观念。对新时代政协委员来说,专业工作是本职,政协委员工作同样是本职。两者在工作目标上并不冲突,甚至是互相成就、互相促进的。政协委员参加政协活动,在工作原则和方向上不会与单位的本职工作相背离。政协委员参加政协活动,也是所在单位履行对社会和所在行业界别承担责任、积极作为的具体体现。政协委员选择与本专业相关的具有综合性、全局性、前瞻性的课题,深入调查研究,积极建言议政,了解和反映社会不同阶层、不同群体的愿望和要求,同样也是对本职工作岗位的贡献。

习近平总书记指出:"要高度重视政协领导班子建设,改进委员产生机制,真正把代表性强、议政水平高、群众认可、德才兼备的优秀人士吸

---

① 郑言惠:《谈谈有关政协界别的一些问题》,《中国政协理论研究》2016 年第 3 期。

收到委员队伍中来。"①改进委员产生机制，首先要优化委员结构组成，改进委员产生办法，规范委员遴选程序。合理设置界别是优化政协功能的第一步。只有合理地设置界别，才能使政协的界别增强代表性，发挥政治协商、参政议政、民主监督的作用，推进社会主义民主政治建设。当前人民政协界别的设置及构成与我国社会阶层及统战对象的发展变化还不完全契合，很多富有参政议政能力和强烈的参政议政意愿的新阶层人士在人民政协中缺乏界别安排，比如，新媒体人士、法律界人士等群体，应该是发展参政议政的重要方面。从参与式民主的角度出发，首先是改革、调整、优化人民政协界别的设置和界别委员结构。界别和委员是政协的骨架和灵魂，做好这两项关键性工作，对人民政协影响深远。随着经济社会的发展，要深入研究发挥政协界别作用的思路和办法，拓展有序政治参与空间，切实与政协职能相契合，提高协商议政的实效，在条件成熟时对政协界别进行适当调整。同时，完善委员推荐提名工作机制，优化委员构成。改进委员产生机制，严把委员素质关，真正把代表性强、议政水平高、群众认可、德才兼备的优秀人士吸收到委员队伍中来。

二、政协委员的责任担当与履职保障

根据政协章程的规定，政协委员应"在本界别中有代表性、有社会影响和参政议政能力"，"要密切联系群众，了解和反映他们的愿望和要求，参加本会组织的会议和活动"。②这些要求就包含着政协委员的责任担当。长期以来，各级政协多关注的是如何做好对政协委员的服务，极少去对委员进行引导、约束和管理。党的十八大以来，人民政协从推进治理体系和治理能力现代化的改革目标出发，全面加强和改进工作体系，对政协委员履职的效能提出了更高的要求。全国政协致力于研究制定规范委员

---

① 习近平：《在庆祝中国人民政治协商会议成立 65 周年大会上的讲话》，《人民日报》2014 年 9 月 22 日，第 1 版。

② 《中国人民政治协商会议章程》，人民出版社 2018 年版，第 26—27 页。

履职工作的指导性意见，进一步明确委员的权利和义务，规范委员履职服务管理，建立委员履职档案，实行委员履职情况统计，将委员履职情况作为换届时继续提名的重要参考；严格会议请假制度，委员出席会议和参加活动的情况书面通知本人并在一定范围通报；探索建立委员每届任期内就履职情况向本级政协报告的制度；等等。

2018年3月15日，中国人民政治协商会议第十三届全国委员会第一次会议通过了《中国人民政治协商会议章程修正案》。这次政协章程修改专门新增了"委员"一章。在征求意见过程中，设立委员专章是各个方面共识度比较高的意见。新的章程把已有的相关内容和新的工作实践成果汇集起来，对委员的条件、职责、权利、义务、产生、管理、退出等情况做出明确规范。做出这样的修改完善，有利于建设一支懂政协、会协商、善议政和守纪律、讲规矩、重品行的政协委员队伍。在《中国人民政治协商会议章程》里面，对政协委员的要求主要有以下内容。

第三十条　中国人民政治协商会议全国委员会委员和地方委员会委员应热爱祖国，拥护中国共产党的领导和社会主义事业，维护民族团结和国家统一，遵守国家的宪法和法律，保守国家秘密，廉洁自律，在本界别中有代表性，有社会影响和参政议政能力。

第三十一条　中国人民政治协商会议全国委员会委员经相关程序后，须由中国人民政治协商会议全国委员会常务委员会协商决定。地方委员会委员经相关程序后，须由各级地方委员会常务委员会协商决定。

第三十二条　中国人民政治协商会议全国委员会委员和地方委员会委员应当依照本章程积极履行职责，认真行使权利。

第三十三条　中国人民政治协商会议全国委员会委员和地方委员会委员，在本会会议上有表决权、选举权和被选举权；有对本会工作提出意见、批评、建议的权利。

第三十四条 中国人民政治协商会议全国委员会委员和地方委员会委员要密切联系群众，了解和反映他们的愿望和要求，参加本会组织的会议和活动。

第三十五条 中国人民政治协商会议全国委员会委员和地方委员会委员应当正确处理个人职业活动与履行职责的关系，不得利用委员身份牟取个人、小团体和特定关系人的利益。

第三十六条 中国人民政治协商会议全国委员会和地方委员会应当加强委员履职管理，建立委员履职档案，采取适当方式通报履职情况。

第三十七条 对严重损害国家和人民利益的，因严重违纪违法被给予组织处理、处分或被判刑以及涉嫌违纪违法正在接受调查处理的，在身份上弄虚作假的等，不得提名或继续提名为委员人选。

第三十八条 因工作变动或其他原因不宜继续担任委员的，本人应当辞去委员。对违反社会道德或存在与委员身份不符行为的，应当及时约谈或函询，经提醒仍不改正的，应当责令其辞去委员。

第三十九条 对违纪违法的委员，中国人民政治协商会议全国委员会常务委员会或地方委员会常务委员会应当依照法律和有关规定作出相应处理。①

从这十条内容来看，政协委员履职的政治性、严肃性得以充分体现。当然，章程里面的内容只是原则性的要求，在具体的履职责任及社会担当方面，全国政协近几年努力建章立制，形成了一系列针对委员履职的规定。尤其是党的十九大以来，针对协商民主的实施细则、操作程序，委员履职的提质增效，出台了许多新的举措。比如，《政协全国委员会提案委员会关于提高提案质量的意见》《关于加强新时代人民政协党的建设工作的若干意见》《中国人民政治协商会议全国委员会委员视察考察工作条例》

---

① 《中国人民政治协商会议章程》，人民出版社2018年版，第26—28页。

《全国政协加强和改进调研工作实施办法》《中国人民政治协商会议全国委员会反映社情民意信息工作条例》《中国人民政治协商会议全国委员会专门委员会通则》《全国政协关于进一步提高协商议政质量的意见》《全国政协协商议政质量评价工作办法(试行)》《关于加强和促进人民政协凝聚共识工作的意见》等,有力地促进了新时代人民政协工作的制度化、规范化、程序化。这些规章制度,大到总的指导原则的坚持,小到考核指标的量化;既有对政协委员参加政协活动的全面规定,也有政协委员在政协工作之外联系群众、凝聚共识的崭新内涵,为委员履职构建了全方位的行动指南。

要让每一位政协委员完成好"委员作业",除了委员的自身努力,还要探索完善科学、有效的服务机制,努力为委员履职提供有力保障。因此,各级政协组织还要大力完善委员服务工作。过去,一些政协组织对于政协委员履职以及与所在单位的本职工作关系,没有明确、具体的规定和要求,使得在基层工作的政协委员往往处于本职与履职的关系认识困惑、履职与单位考核的脱钩迷茫和主体作用发挥受羁绊的无奈之中。政协委员的产生、退出、履职激励、约束保障等缺乏公开、透明、翔实的细则,以至一些政协委员或把这个身份视为政治地位的象征,或作为自己跻身"社会精英"行列的标志,而淡忘了政协委员应承担的政治责任和基本义务。在执政党内还有一些党政领导把政协委员看作是花瓶、摆设、政治累赘,对委员履职表示轻视、淡漠,或给予不公正的对待,影响了委员履职积极性的发挥。新时代人民政协要求政协委员切实承担起责任使命,也必然要高度重视政协委员的权利保障和利益维护。

近几年,各级政协在搭建协商议政平台、完善服务保障方面大力改革,逐步探索出符合政协委员现实需要的履职保障机制。比如,在强化政协委员主体责任方面,建立主席会议成员与委员谈心谈话工作机制,加强思想政治引领,强化委员政治担当,充分激发委员参与政协工作的积极性;在制定政协年度协商计划、起草常委会工作报告、研究课题调研成果、推选重点提案等工作中广泛征求委员的意见建议；政协党组或主席会议应定期就经济社会发展等方面的难点热点问题，邀请党委政府有关部门介绍工作情况，面对面进行沟通，形成经常性的问政对话机制；探索建立公示制度和听证制度，有关政务信息及时向政协组织公开，形成党政工作重心与政协关注重点的有效对接，实现参政议政及时、准确、高效；举办协商会议、开展监督活动、组织调研视察等活动要保证委员占多数、唱主角；把了解委员学习、工作、生活情况和帮助委员解决实际困难结合起来，做到感情上贴近、工作上支持、生活上关心；创新委员履职平台。各级政协充分利用大数据、云计算和智能终端等平台，定期发送工作简报、社情民意、提案线索等资讯，为委员提供全天候、自主式、菜单式的信息资料查询模式。增加新媒体的资源分享和评价体验等功能，为增强政协委员履职管理与服务工作实效提供多元的实践维度。这些举措，为委员履职提供了支撑渠道。

在加强与政协委员所在单位和相关部门的联系方面，各级政协也在努力完善相关措施。比如，绍兴市政协制定的《委员履职保障工作实施细则》，提出十个方面具体要求。其中就有争取委员所在单位对委员参加政协履职活动的关心支持，落实委员参加政协活动计入本人所在单位工作量的相关规定。还规定各专委会一届内走访委员所在工作单位及领导不少于一次，政协办公室每年年底向委员所在单位发一封感谢信；委员生日，以市政协办公室名义寄一封生日贺卡表达祝福；委员因病、因伤住院，由所在专委会领导代表看望慰问；为委员征订政协报纸杂志，发放相关学习资料。按规定保障委员参加调研考察等履职活动所产生的食宿费用等。绍兴市政协还将住县（区）的市政协委员调研视察经费按照一定比例划拨到对应的专委会和县（区）政协。对于无固定收入的市政协委员，明确由各县（区）政协在委员调研视察工作经费中，按照一定标准发放误工补助；委员履职过程中发生的交通费、住宿费和伙食补助，参照差旅费管理办法规定予以补助，切实保证政协委员的政治、生活待遇。这些举措操作性强，符合新时代政协工作的新要求，在着力提升委员履职能力和热情方面意义重大。

三、政协委员的履职途径和方式

长期以来，政协委员队伍建设一直是一个薄弱环节。有部分委员对自己所肩负的政治使命缺乏深刻认识，有的党政领导干部委员存在"船到码头车到站"的"二线"思想，有的委员只挂名不履职，还有的委员想履职但不会履职，或者满足于习惯做法，碰到新情况、新问题束手无策等。中央政协工作会议强调政协委员要积极参与政协各项活动，全国政协十三届主席汪洋鼓励委员要"自觉投身凝心聚力、决策咨询、协商民主、国家治理第一线，成为民族复兴的正能量"①。为落实这"四个一线"的要求，全国政协修订了委员履职工作规则。其中特别阐明委员履职的具体方式：参加会议、提交提案、视察调研、反映社情民意、大会发言、团结联谊、委员学习等。这些履职途径和方式清晰表明了新时代政协委员参加政协工作实践的着力点。

每年一次的各级政协全体会议是我国政治生活中的重要制度安排，参加政协会议是政协委员的基本要求和责任。每年的"两会"引发世界关注，政协委员在这个舞台上不仅要建言资政，更要通过参加会议深化与党委、政府领导的互动交流，深入学习体会国家发展的大局，党委政府工作部署的重点和改革开放发展的趋势，这些都是委员履职的重要前提和基础。政协委员与党政机关干部、人大代表在"两会"期间畅言国是，推进改革，聚焦问题，凝聚共识，生动体现了我们政治制度安排的特色和优势。

提案是政协委员、参加政协的各党派、各人民团体、政协各专门委员会、政协全体会议期间的界别以及委员小组向政协全体会议或者常务委

---

① 汪洋：《中国人民政治协商会议全国委员会常务委员会工作报告——在政协第十三届全国委员会第三次会议上》，《人民日报》2020年5月28日，第3版。

员会提出并交提案审查委员会或者提案委员会审查的书面意见和建议。经审查立案的提案，交承办单位办理并做出书面答复。提案工作是人民政协的一项全局性工作，政协委员和参加政协的各党派、各人民团体以及政协各专门委员会应当密切协作，充分利用提案的方式履行职能。

2018年11月29日，政协第十三届全国委员会常务委员会第四次会议修订的《中国人民政治协商会议全国委员会提案工作条例》要求每届政协第一次会议成立提案审查委员会，由主任、副主任和委员若干人组成，成员从本届政协委员中产生，由第一次会议预备会议决定，负责第一次会议期间提案的审查工作，并向全体会议报告提案审查情况。根据加强和改进政协工作的具体要求，新时代政协提案要围绕党和国家大政方针、中心工作，坚持问题导向，聚焦社会主义经济建设、政治建设、文化建设、社会建设、生态文明建设中的重要问题，人民群众普遍关心的问题，以及爱国统一战线的其他重要问题，在深入调查研究基础上提出；提案应坚持严肃性、科学性、可行性，须一事一案，实事求是，简明扼要，有情况、有分析、有具体建议；提案的提出注重质量、不比数量；提案者应当重视在闭会期间提出提案，可将有关调研报告，在政协全体会议、常务委员会会议、专题协商会、双周协商座谈会上发言，以及网络议政、远程协商的成果转化为提案，也可以通过委员履职移动平台提交提案。在提案办理协商的程序中，承办单位应当将沟通协商作为提案办理的必要环节，与提案者共商解决问题的办法，并征询对办理复文的意见。如提案者对办理结果不满意，提案委员会应建议承办单位重新研究，做出进一步的解释说明或者重新答复。同时，有序推进提案办理结果公开和提案内容向社会公开，适时开展提案办理评议。由此可见，新时代提案工作的导向是不在多而在精，提案的提出要更加注重质量。这要求政协委员要牢固树立质量意识和精品意识，不断提高提出高质量提案的能力，提倡有提案意愿的委员每年集中精力提交1~2件高质量提案。坚持不调查研究不提提案的原则，以问题为导向，深入基层，深入群众，充分占有材料，核准事实情况和相关政策法律，客观反映事物的本来面目。坚持一事一案，实事求是，简明扼要，一件提案字数不超过1500字。改进每届一次的提案工作表彰办法。优秀提案的评选表彰数量，由立案总数的1%提高到1.5%，表彰对象新增加"先进承办个人"，更好地发挥表彰的激励导向作用。

政协委员参加人民政协组织的视察、考察工作是密切联系群众，加强党派、界别之间合作共事，推进社会主义民主政治建设的重要途径。视察、考察工作是政协委员就党和政府各项事业和群众生活的重要问题进行实地察看，了解情况、学习提高，是实现自我教育，打牢团结奋斗的共同思想政治基础的重要渠道。视察、考察包括听取情况介绍、走访察看、座谈讨论、内部交流、与地方党政负责同志交换意见等工作方式。政协委员在参加视察、考察前，应围绕视察、考察内容，学习有关文件，做好准备工作；在视察、考察中，应坚持问题导向，具有学习精神，深入了解实际情况，深化认识、凝聚共识，提出意见和建议。政协委员视察、考察活动要贯彻中央八项规定及其实施细则精神，坚持"务实、高效、规范、协作"原则，深入实际、深入基层、深入群众，严格纪律，厉行节约，科学安排，精心组织。

反映社情民意信息是政协各参加单位、各专门委员会、政协委员、各民主党派和工商联成员及无党派人士，围绕国家大政方针和地方的重要举措，以及经济、政治、文化、社会、生态文明建设和党的建设中的重要问题，人民群众关心的实际问题，通过政协内部适当方式，向中共中央、国务院和地方党委、政府及有关部门反映情况，提出意见和建议。与提案相比，反映社情民意信息的目的是让政协委员能够用简洁的方式同决策的主要领导同志建立一种沟通。这条渠道具有十分重要的内部性或保密性，这一点与提案完全不同。在提案中不能讲、在报刊上不能发表的，恰恰需要政协和民主党派充分利用反映社情民意这种权利。反映的重要信息可能是同各方面不一致的情况，或者是跟现行政策相冲突的,这恰恰是其他渠道不容易听到或难以反映的情况。社情民意信息工作要求问题聚焦准、切口可小,站位却不能低、行文还要简短精练,这对政协委员综合素质提出了很严格的考验。社情民意信息的选题要注意政策的空白点、政策与实际的矛盾点、决策落实的症结点以及社会中的敏感点。要掌握不同阶段中央所抓的重点工作,要解决什么问题,找好中央的需求、中央的思路,适应中央决策的需要报送信息。如解决经济和社会发展中的难题,有创新意义的理论观点或有重要参考价值的对策性思路等应成为报送信息的重点。

2020年12月14日公布的《关于加强和促进人民政协凝聚共识工作的意见》指出:"政协委员要积极主动联系服务界别群众,宣传党和国家方针政策,了解界别群众思想状况,反映群众意见呼声,协助党和政府做好协调关系、理顺情绪、化解矛盾的工作,团结界别群众跟党走。"近几年来,各级政协推动的委员自主调研,既能促进政协委员了解实际情况、反映群众诉求,也能够向界别群众宣讲党和政府的政策方针,拉近了政协委员与界别群众的距离。2021年,全国政协深入学习贯彻习近平总书记关于加强和改进人民政协工作的重要思想,认真落实汪洋主席指示批示要求,创新开展党组成员自主调研,继续开展委员自主调研,取得了积极进展。据统计,2021年,共有8个全国政协专门委员会开展了117项委员自主调研,152人次政协委员参与其中。在党组成员的示范引领下,委员自主调研的积极性进一步提高、影响力进一步扩大、成果质量进一步提升,形成了全国政协党组成员自主调研和委员自主调研、自主调研和专题调研、调研活动和其他履职活动相互补充、相互促进的良好工作格局。委员自主调研成为很多委员特别是没有加入专委会的委员参与履职的重要方式,缓解了专题调研人数、频次的制约。尤其是在新冠疫情形势复杂的情况下,自主调研着眼当地、重在日常、渠道多元、反映快速,具有"小快灵"的特点,成为专委会了解情况、委员反映社情民意的重要渠道。委员们普遍反映,自主调研让他们进一步提高了建言资政的能力,也让他们的提案内容更深、更细、更实、更有针对性。开展自主调研，对丰富政协调研形式与内涵、提高建言资政和凝聚共识双向发力水平发挥了重要作用，取得了积极成效。

此外，政协委员还可以通过大会发言、团结联谊、委员学习等途径和渠道参与政协工作。

第二节　提高政协委员履职能力

习近平总书记指出："人民政协是国家治理体系的重要组成部分，要适应全面深化改革的要求，以改革思维、创新理念、务实举措大力推进履职能力建设，努力在推进国家治理体系和治理能力现代化中发挥更大作用。"[①] 每一位政协委员都是人民政协制度的参与者、实践者和推动者。推动人民政协制度更加成熟更加定型，离不开每一名政协委员积极发挥主体作用。提高委员的履职能力，核心是"四个能力"，即政治把握能力、调查研究能力、联系群众能力、合作共事能力。

一、政治把握能力

人民政协是政治组织，旗帜鲜明讲政治是人民政协的本质要求。人民政协从诞生那一天起就具有鲜明的政治性，它的成立庄严宣告了我国各党派、各族各界选择了中国共产党领导。中国共产党领导是人民政协事业发展进步的根本政治保证，也是新时代人民政协必须恪守的根本政治原则。政协委员要深刻理解党的基本理论、基本路线、基本方略，不断增进对中国共产党和中国特色社会主义的政治认同、思想认同、理论认同、情感认同，坚定不移地走中国特色社会主义政治发展道路。确保始终在政治立场、政治方向、政治原则、政治道路上同以习近平同志为核心的党中央

---

① 习近平：《在庆祝中国人民政治协商会议成立65周年大会上的讲话》，《人民日报》2014年9月22日，第2版。

保持高度一致。务必切实增强"四个意识"、坚定"四个自信"、做到"两个维护"。坚持用习近平新时代中国特色社会主义思想武装头脑,坚定做到学思践悟,笃行慎用,真正把思想之源固牢、信仰之根立稳、方向定位把准。要严守政治纪律和政治规矩,在重大政治原则问题上立场坚定、敢于发声,在关键时刻靠得住、站出来。

新时代的优秀政协委员应是有立场的"政治委员"。讲政治就要自觉把习近平总书记关于加强和改进人民政协工作的重要思想作为统揽各项工作的总纲,武装头脑,指导实践,推动工作。政协委员来自方方面面,对一些问题的看法和认识不一定相同,但政治立场不能含糊、政治原则不能动摇。有人说当前的年轻干部存在"八缺八不缺"现象,即"不缺学历缺阅历、不缺思想缺感情、不缺干劲缺韧劲、不缺知识缺文化、不缺想法缺办法、不缺能力缺魅力、不缺活力缺定力、不缺情感缺情怀"[1]。深入探究其根源,关键还是缺少政治素质、政治定力问题。在政治把握能力、调查研究能力、联系群众能力、合作共事能力这四项中,"政治把握能力是'舵',掌握着前进的正确方向;其他三种能力则是'桨'和'帆',为破浪前行提供力量源泉"[2]。思想是行动的先导,理论是实践的指南。只有不断坚持学习,不断实践,不断领悟,不断提高理论修养、政治素养,使党的创新理论成为认识世界、改造世界的强大思想武器,才能增进对中国特色社会主义的政治认同,增进对社会主义核心价值观的政治认同,政协委员才能以坚定的信心、充足的韧劲、感人的情怀去履职,去汇聚社会各界智慧和力量,切实为改革发展协商建言、服务出力。

作为政协委员,应首先强化自己的政治身份和政治责任,始终站稳政治立场,坚定政治原则,遵守政治规矩。提高政治把握能力要求善于从政治上看问题,善于把握政治大局,不断提高政治判断力、政治领悟力、政治执行力。增强政治判断力,就要以国家政治安全为大、以人民为

---

[1] 徐文秀:《年轻干部"八缺八不缺"》,《青年与社会》2018年第4期。
[2] 邵鸿:《提高人民政协政治把握能力》,《人民政协报》2019年5月11日,第2版。

重、以坚持和发展中国特色社会主义为本,增强科学把握形势变化、精准识别现象本质、清醒明辨行为是非、有效抵御风险挑战的能力。当前,中西意识形态领域斗争日益复杂,网络对垒、政治谣言不断涌现,在香港、台湾、新疆、西藏等地,分裂势力不断制造恐怖事件,企图瓦解、颠覆中国政治秩序。面对意识形态的挑战,如果是非不明、信念不坚定,缺乏自律,就容易上当受骗、轻信谣言,甚至"不经意间"充当了政治谣言的传播者,害人害己。政治能力是第一位的,面对纷繁复杂的形势,政协委员在参政议政时必须始终保持高度政治警醒,透过现象看本质,做到在重大问题和关键环节上头脑特别清醒,从一般事务中发现政治问题,善于从错综复杂的矛盾关系中把握政治逻辑,坚持政治立场不移,确保政治方向不偏。坚定不移地把党中央的决策部署贯穿到参政议政、建言献策的各方面和全过程,善于从政治上和大局上观察和把握问题,通过思想认识的不断提升,力求站得更高一些、想得更深一些、看得更远一些。

2015年3月3日,习近平总书记在全国"两会"党员负责人会议上,强调政协委员要"守纪律、讲规矩、重品行";2015年"两会"期间,在参加全国政协十二届三次会议中国国民党革命委员会、台湾自治同盟、台湾团结联盟委员联组会时,要求政协委员要"懂政协、会协商、善议政"。此后,习近平总书记多次把"懂政协、会协商、善议政,守纪律、讲规矩、重品行"作为一个整体,对委员队伍建设提出要求。这些要求最重要的是针对政协委员的政治要求。在政治上,作为政协委员,要准确理解政协的性质定位,这是懂政协的关键。政协性质定位,决定了政协工作的原则、主题、任务等重要问题。那些认为政协工作太软、不如行政工作一竿子插到底过瘾,政协应作为协商主体、在协商中要独立发声等认识和想法,都与对政协性质定位把握不准确有关。懂政协首先要懂得政协不是权力机关,不是决策机构,也不是协商主体,而是各党派团体和各族各界人士发扬民主、参与国是、团结合作的重要平台,是协商民主的重要渠道和专门协商机构,是我国社会主义协商民主体系的重要组成部分,具有独特的话语权和影响力。可以说，政协性质定位是纲，其他都是目，纲举才能目张，政协的一切工作都是建立在性质定位的基础上，离开了性质定位，政协工作就可能偏离正确的方向。要知道人民政协是怎么来的、应当怎样干，了解和熟悉人民政协章程和必要的业务知识。这是提高政治把握能力的基础。

政协委员"守纪律"就是要尊崇宪法法律、遵守政协章程，政协委员必须在宪法法律规定的范围内履职尽责。"十二届全国政协以来，共对47名委员作出处理，其中撤销委员资格42名，请辞5名。最为典型的就是十二届全国政协常委、港澳台侨委员会原主任孙怀山，严重违反中国共产党的政治纪律和政治规矩，严重违反政协章程，被免去政协职务，受到开除党籍和公职的处分，并移送司法机关。"① 政协委员在参与政协工作中一定要严以律己，注重小事小节，小事小节中有政治、有方向、有形象、有人格。政协委员在政治上要时刻自重自省自警自励。

二、调查研究能力

2019年1月28日，习近平总书记在同党外人士共迎新春时指出："调查研究是正确决策的基本功，也是参政议政的基本功。做决策本身并不难，难的是对情况的准确把握。当前，国内外环境都处于深刻复杂变化之中，新情况新问题层出不穷，新做法新经验不断涌现，需要我们不断加以认识、加以总结。希望大家围绕当前党和国家工作面临的突出问题加强调查研究，比如，打好三大攻坚战、深化改革开放、提高科技创新能力、深化教育体制改革、完善社会治理等问题。"② 政协委员要履行职能、发挥作用，无论是政治协商、民主监督，还是参政议政，都离不开调查研究这项基础性工作，都离不开敏锐地发现问题的眼光、分析问题的能力和解决问

---

① 张庆黎：《学习习近平总书记关于加强政协委员队伍建设重要指示的体会》，《求是》2019年第16期。

② 《习近平同党外人士共迎新春》，《人民日报》2019年1月29日，第1版。

题的智慧。建言必先知情、知情必须调研。调查研究是谋事之基、成事之道，没有调查，就没有发言权，更没有决策权。尤其是在改革开放40多年后，攻坚期的各项改革错综复杂、牵一发而动全身，研究、思考、确定全面深化改革的思路和重大举措，刻舟求剑不行，闭门造车不行，异想天开更不行，必须进行全面深入的调查研究。

调查研究是一种科学、有效解决问题的工作方式，是针对现实工作和人们社会生活中存在的问题或矛盾，通过实地考察、座谈、访问等方式，从而归纳分析研究得出解决问题方案的过程。中国共产党在长期的革命、建设、改革实践中，形成了优良的调查研究传统。毛泽东历来重视调查研究，反对脱离实际的主观主义唯心主义。1927年1月4日至2月5日，毛泽东为了驳斥当时党内外对于农民运动的种种责难，特地到湖南做了32天的调查研究，写出了著名的《湖南农民运动考察报告》，以雄辩的事实说明，农民运动不是"糟得很"，而是"好得很"。① 在这之后，毛泽东又写了不少调查报告，如《长冈乡调查》《才溪乡调查》《兴国调查》《寻乌调查》等调查报告。这些调查使毛泽东对中央苏区的农村状况了如指掌，为他制定农村政策，乃至后来在抗战时期和解放战争时期制定减租减息和土地改革政策，都起到了重要作用。毛泽东写的《反对本本主义》开篇就提出"没有调查，没有发言权"，并指出"中国革命斗争的胜利要靠中国同志了解中国情况"，"调查就像'十月怀胎'，解决问题就像'一朝分娩'。调查就是解决问题"。② 他在1941年3月17日《〈农村调查〉的序言和跋》中再次强调：调查研究中一定要老老实实端正自己的态度，要学会眼睛向下，不能趾高气扬，调查研究"没有眼睛向下的兴趣和决心，是一辈子也不会真正懂得中国的事情的"③。他还提出："事物是运动的，变化着的，进步着的。因此，我们的调查，也是长期的。今天需要我们调

---

① 《毛泽东选集》（第1卷），人民出版社1991年版，第15—16页。
② 《毛泽东选集》（第1卷），人民出版社1991年版，第109—115页。
③ 《毛泽东选集》（第3卷），人民出版社1991年版，第789页。

查,将来我们的儿子、孙子,也要作调查,然后,才能不断地认识新事物,获得新的知识。"①毛泽东的重要论述,为我们正确认识事物、正确决策留下了宝贵的财富。

党的十八大以来,习近平总书记在多个重要场合的讲话中强调调查研究的重要性。他率先垂范,每年都到各地厂矿企业、农村基层、军队边防及有关部门进行广泛、深入、细致的调查研究。党的十九大后政治局首次民主生活会上,习近平要求大兴调查研究之风,推动党中央大政方针和决策部署在基层落地生根。他强调:"中央政治局的同志要拜人民为师,向人民学习,放下架子、扑下身子,接地气、通下情,'身入'更要'心至',围绕全面从严治党问题,围绕贯彻落实党的十九大精神需要解决的问题,围绕坚决打好防范化解重大风险、精准脱贫、污染防治的攻坚战,围绕人民群众生产生活问题,围绕改革稳定发展问题,开展深入细致的调查研究,抓住老百姓最急最忧最怨的问题,解决好群众最关心最直接最现实的利益问题,真正把功夫下到察实情、出实招、办实事、求实效上。中央政治局的同志要以身作则,推动各级干部动起来、深下去,使调查研究在全党蔚然成风。"②

调查研究是中国共产党制定政策、解决问题主要思路的来源和基本方法,也是政协委员发现问题、分析问题的参政议政之道。问题是时代的声音,每个时代总有属于它的问题。新时代政协委员搞调查研究是为了解决社会中存在的现实问题。坚持问题导向,通过调查研究弄清问题性质、找准症结所在,进而有的放矢、解决问题,是开展调查研究的出发点和目的。政协委员要把调查研究作为掌握新情况、提出新对策、解决新问题的基础和关键,以调研质量的提高推动议政建言水平的提升。通过调研,政协委员做到了解"三情",即熟悉下情、了解上情、掌握内情,避免道听

---

① 《毛泽东文集》(第2卷),人民出版社1993年版,第378页。
② 《以认真学习贯彻习近平新时代中国特色社会主义思想 坚定维护以习近平同志为核心的党中央权威和集中统一领导 全面贯彻落实党的十九大各项决策部署情况为主题进行对照检查 中共中央总书记习近平主持会议并发表重要讲话》,《人民日报》2017年12月27日,第1版。

途说或放马后炮。政协委员要在深入调研的基础上，通过去粗取精、去伪存真、由表及里的分析，善于从事物的表面现象发现问题的本质，找出深层次的原因，提出治本之策。政协委员要不断提升调查研究的开放性，有效整合各方面人士的力量，在组织精干队伍深入调研或视察的基础上，扩大调研工作参与范围，组织专家、社会贤达和经验丰富的人士，共同参与调查、论证、分析、研究，深入基层、深入群众、深入一线，既注重听取部门单位的意见建议，又注重听取服务对象和群众的真实想法和确切意愿，做到去粗取精、去伪存真、由此及彼、由表及里，力求触及问题的核心和本质。

2018年10月26日，政协第十三届全国委员会第十一次主席会议修订的《全国政协加强和改进调研工作实施办法》，要求政协委员要"深入实地调研。要放下架子、俯下身子、耐心倾听、虚心请教，既摸清综合情况又了解典型案例，既听干部意见又听群众意见，既了解成绩经验又发现问题不足，对重要数据和材料加以核实，真正把各方面情况摸清吃透"[①]，要求政协委员深入进行调查研究，全面掌握第一手材料。在实地考察中，坚决反对形式主义，防止做样子、走过场，注重从不同侧面总结经验、发现问题、提出建议。在具体举措上采取整体调研与分组调研相结合的方式，组织"小而精"的调研小组，开展定向定点调研，深入基层"解剖麻雀"。运用辩证唯物主义和历史唯物主义方法，坚持定性和定量结合、宏观和微观结合、静态和动态结合，对调查材料进行去粗取精、去伪存真、由此及彼、由表及里的思考、分析、综合，透过现象看本质。

三、联系群众能力

"人民政协为人民"，坚持以人民为中心的发展思想是人民政协的履职要求。人民政协是党和政府联系群众、团结各界的重要桥梁和纽带，政

---

① 《全国政协加强和改进调研工作实施办法》，中国政协网，http://cppcc.china.com.cn/2019-03/12/content_74562433.htm。

协工作实质上就是党的特殊群众工作,必须把群众路线作为人民政协的生命线和根本工作路线,大力实现好、维护好、发展好最广大人民群众的根本利益,发挥好人民政协协调关系、化解矛盾、凝聚人心、增进共识等方面的独特作用。

政协委员来自社会各阶层、各界别,本来就是人民群众中的一部分。坚持人民政协为人民,就是要求政协委员参政议政要紧扣保障和改善民生,做到协商于民、议政为民、体察民情、反映民意。"政协委员社会知名度大、关注度高,一言一行都具有影响力和示范性。"[①]

与此相反,还有更多的政协委员为民奔波、奉献,书写了感人的履职记忆。比如,2016年3月12日,安徽省政协委员何宗文列席全国政协十二届四次会议第四次全体会议。他发言讲道:"我从1990年被推荐为区政协委员的那天起,就暗下决心:努力做一个有温度的政协委员,用热情消融冷漠,用光明明亮社会。"[②]"27年来,何宗文访贫问苦、调停纠纷、调查研究、宣讲政策、拖着残疾的腿跑了50万公里路,完成提案、社情民意信息、大会发言数百件,帮助解决群众反映的实际问题620多件。何宗文说,多年履职经历告诉他:为群众多"跑腿",就知道群众困难、"痛点"在哪里;多到群众那儿走走、问问,多提供些微小帮助,就知道群众的"盼头"、焦虑在哪里。"我曾帮过一个叫龚建平的人,他因为一场意外高位截瘫,妻子辞职照料他,既没有生活来源,也无暇'打官司'要赔偿。我像个陀螺似的,在他家、企业、医院、法院、政府部门间不停旋转,经过几年努力,在法院强力执行下,他终于拿到了65万元救命钱。在帮助他的过程中,我深深地认识到为重度残疾人家庭建立护理补贴制度的迫切性,就此形成的提案得到安徽省主要领导重视,省里出台政策,从

---

① 习近平:《在庆祝中国人民政治协商会议成立65周年大会上的讲话》,《人民日报》2014年9月22日,第1版。
② "做有温度的政协委员"——记政协大会上的一次发言,新华网,http://www.xinhuanet.com/politics/2016-03/12/c_128795136.htm。

今年开始为全省近63万重度残疾人发放护理补贴。"①池州的老百姓有困难,都愿意来找"何委员"。

政协委员要牢固树立群众观点,充分发挥在本职工作中的带头作用、政协工作中的主体作用、界别群众中的代表作用,立足本职岗位,充分运用政协会议、提案、反映社情民意信息等履职形式,积极为各界群众关心、关注的实际问题呼吁建言,使各界群众的愿望要求、意见建议得到充分的反映;要充分发挥政协作为社会主义协商民主重要渠道和专门协商机构作用,拓展委员联系服务群众的基层平台,建立委员联系群众窗口,畅通委员联系服务群众渠道;发挥桥梁纽带作用,在界别群众中多做雪中送炭、扶贫济困的工作,多做春风化雨、解疑释惑的工作,多做理顺情绪、化解矛盾的工作;要让广大人民群众感到政协委员就在身边、人民政协离自己很近。每一个政协委员都有自己的光和热,全国几十万政协委员都能成为群众身边的政协委员,想群众所想,急群众所急,就会使群众的呼声得到更好的反映,使参政议政更有时效、更接地气。

四、合作共事能力

人民政协合作共事,主要表现为中共与各民主党派、无党派人士的合作共事。提高合作共事能力,是发挥人民政协各党派、各团体、各民族、各阶层、各界人士作用,促进大团结大联合的重要举措和保障。发扬求同存异、体谅包容的优良传统,贯彻民主协商、平等议事的工作原则,尊重和包容不同意见的存在和表达,以民主的作风团结人,不断增进思想共识、加强合作共事。

合作共事体现了新时代政协委员能力提升的内在要求。政协委员主要通过协商来履职,商以求同、协以成事。商以求同,贵在同心同向、不断增进共识;协以成事,贵在目标明确、推动问题解决。协商是为了共同

---

① 《全国政协十二届四次会议第四次全体会议(文字实录)》,共产党员网,http://news.12371.cn/2016103/12/ARTI1457775931924678.shtml?from=singlemessage。

目标、共同事业献计献策，既需要问政者虚心纳谏、善以引导，也需要议政者胸怀大局、务实理性，通过有深度、负责任的协商增进了解、加深理解，在思想观点碰撞中找到良方。因此，必须牢记"重品行"。品行就是有关道德的行为，换句话说是人品、德行。我们国家有重德的悠久传统，并注入传统文化的基因中。习近平总书记曾多次指出要提升道德修为，明大德、守公德、严私德。人民政协是群英荟萃的舞台，政协委员多是各个界别的代表人物或专家学者，他们的业务能力毋庸置疑，一般也不是公众关注的焦点，容易引发人们议论的，往往是品行方面的问题。有人做过这样的比喻，说"德"是一，"才"是零。只有在有德的情况下，有才才有意义，越有才，零越多，这个数字也就越大。如果没有德光有才，即使很有才，多几个零，最终也就是一堆零而已。理想、信念是人们行为的最高调节器、总开关，制约着人们的思想，并直接影响人们的个性品质，即人品德行。"人的形象是由日常点滴细节积累起来的，并且表现在工作态度、生活作风等方面，是一个人基本素质的综合反映。……在近几年全国政协召开大会制定的严肃会风会纪措施中，都明文规定认真贯彻落实中央八项规定精神，坚决纠正'四风'，确保会议风清气正。政协委员在履职活动和日常生活中也要按照中央八项规定精神严格要求自己，做清正廉洁的表率。"做到"恋亲但不为亲徇私，念旧但不为旧谋利，济亲但不以公济私，确保干干净净履职，踏踏实实尽责，一身正气做人，两袖清风干事。这样才能赢得人民群众的信任，树立起政协委员的良好形象"。[①] 尤其是政协委员中的共产党员，要以身作则，发挥模范表率作用，以扎实的理论、科学方法和熟练的业务能力，赢得他人的尊重和合作的意愿。

任何一种事物都是由许多相互联系、相互制约的要素组成的，当各种相互作用、相互依赖的要素彼此协调、合作、同步一致地向统一目标前进时，就会形成整体合力，从而产生大于各个孤立要素相加的力量。"一

[①] 张庆黎：《学习习近平总书记关于加强政协委员队伍建设重要指示的体会》，《求是》2019年第16期。

个篱笆三个桩,一个好汉三个帮。"一个人无论本事有多大,学历有多高,离开别人的帮助,靠孤家寡人、单枪匹马,很难干出一番事业。能不能把不同性格、不同特长、不同爱好的人团结起来,心往一处想,劲往一处使,关系到一个单位的发展和事业的成败。

在人民政协的历史上,周恩来同志作为人民政协事业的重要奠基人之一,在建立共产党领导的多党合作和政治协商制度、促进全国各族人民大团结、推动社会主义民主政治建设等方面做出了重大贡献。他倡导在统一战线和人民政协工作中贯彻求同存异的原则,创造了"双周座谈会"等独具政协特色的工作形式,有效地团结了党外人士,发扬了社会主义民主,形成了一整套优良传统和作风,是合作共事的典范。他说,一个人的认识总是有限的,要敢于听取不同意见,敢于和不同意见的人讨论问题。他注意广泛听取各方面意见,集中大家的正确主张,汲取众人的知识、智慧,做出符合客观实际的决定。他以自己的品格和才能,赢得了许多党外人士和国民党高层人物的尊敬,大家都亲切地称他为"周公"。中华人民共和国成立后,陈叔通、张澜、沈钧儒、郭沫若、柳亚子、张治中等人仍经常这样称呼周总理。毛主席在1949年12月致柳亚子的信中也说过"周公确有吐握之劳",以表示对总理的钦佩和赞赏。"周恩来情系人民的高尚品德,赢得了广大党内外人士的称赞。彭真说:'周总理政治水平高,工作能力强,民主作风好,识多、见广,又经常注意听取群众意见,党内外高级干部有问题,都愿意找他请教、找他解决,是我们党一位杰出领导人,是一位好总理啊!'陈叔通深情地说:'周恩来对人是以理服人,以情动人,以礼待人,工作做到家了。'张治中深有感慨地说:'是毛主席、周总理挽救了我的生命,唤醒了我的灵魂,怎能不叫我刻骨铭心地感谢共产党,永世不忘呢?'张学良说:'我在中国人里佩服几个人,周恩来是第一个,我是非常地佩服他。'宗教界著名人士吴耀宗说:'周恩来是中国人民尊严和自豪的象征。凡是和他接触过的人,无不感到一种伟大和平凡浑然融成一体的魅力。在他身上,我看到了能够代表共产党人的一切最优秀的品质.'赵朴初满怀激情地说:'周总理值得怀念的事情太多了!父母之丧三年,留在人们心中的对周总理的怀念是终身的。'孙起孟说:'周总理把共产党的领导工作导入了化境,使人心悦诚服地接受领导而又毫无高低之感'。"① 很多党外人士就是因为佩服周恩来而相信、追随中国共产党。

习近平总书记在纪念邓小平同志诞辰110周年座谈会上指出:"邓小平同志客观公正对待党的历史、对待同志、对待自己,谦逊随和,平易近人,善于同人合作共事。"② 刘伯承与邓小平在合作指挥抗日战争、解放战争的13年中,他们心心相印、亲密无间的合作,创造了一个又一个奇迹与胜利,留下了一段"刘邓不可分"的佳话。邓小平说:"我们偶然也有争论,但从来没有哪个固执己见,哪个意见比较对,就一致地做去。我们每每听到某些同志对上下、对同级发生意气之争,遇事总以为自己对,人家不对,总想压倒别人,提高自己,一味逞英雄,充'山大王',结果弄出错误,害党误事。"③ 邓小平善于团结和使用同自己意见不同的人,从不以个人恩怨待人处事。对待那些曾经批判过自己的同志,他照样真诚相待,不计前嫌,该用就用,专门强调不能以是否"批邓"划线。他具有卓越的领导艺术和非凡的人格魅力,不但得到了包括毛泽东、周恩来等中共领袖的高度评价,而且他真诚地与党外人士合作共事,同他们密切交往并建立深厚情谊,在党外人士中享有很高的威望,深得党外人士的信任、拥护和爱戴。1979年春天,改革开放拉开大幕。邓小平专门邀约荣毅仁、胡厥文、胡子昂、古耕虞、周叔弢五位原工商业者畅谈改革开放并共进午餐。大家敞开心扉,坦诚进言,气氛极为融洽、热烈,留下了"五老火锅宴"的历史佳话。多年后,古耕虞形象地称这顿午餐是"一只火锅,一台大戏"。④

---

① 李洪峰:《周恩来:永远的榜样》,人民出版社2018年版,第146页。
② 《中共中央举行纪念邓小平同志诞辰110周年座谈会》,《人民日报》2014年8月21日,第1版。
③ 《邓小平文选》(第1卷),人民出版社1994年版,第30—31页。
④ 叶介甫:《邓小平与党外人士交往的故事》,《民主》2014年第7期。

人民政协合作共事,不仅体现在政协内部、政协各参加单位和全体政协委员,而且要面向党委、政府机关、社会团体及各界人士,要讲究方法艺术,提高联谊交友能力,力求目标吻合、工作配合、力量聚合、情感融合,更好地维护核心、围绕中心、共筑同心。政协委员要学会用协同思维开展工作,积极与其他界别委员、其他职能部门沟通交流,围绕一定的主题开展协同调研和联动协商。在沟通合作中要突出工作中心环节,提高聚同化异能力,养成体谅包容、求同存异的工作态度。要"做到相互尊重、平等协商而不强加于人,遵循规则、有序协商而不各说各话,体谅包容、真诚协商而不偏激偏执"。① 君子和而不同。一起共事难免会发生这样那样的矛盾和冲突,要学会大事讲原则、小事讲团结,求大同而存小异。多些宽容,少些苛责;多些沟通,少些埋怨;多些平易近人,少些居高临下;多些换位思考,少些自以为是。心往一处想,劲往一处使,用集体的智慧和力量把工作搞好,只有合作才能干成大事,汇聚起共襄伟业的强大力量。

---

① 习近平:《在中央政协工作会议暨庆祝中国人民政治协商会议成立70周年大会上的讲话》,《中国政协》2019年第18期。

第 六 章

加强党对人民政协工作的领导

习近平总书记强调："人民政协事业要沿着正确方向发展，就必须毫不动摇坚持中国共产党的领导。"[①]中国共产党领导是中国特色社会主义最本质的特征，也是人民政协这一制度安排和政治组织最本质的特征。坚持中国共产党的领导既是人民政协成立时的初心和共识，也是人民政协70多年发展历程的基本经验。王沪宁主席在全国政协十四届一次会议闭幕会上指出人民政协要"深入学习贯彻中共二十大精神，毫不动摇坚持中国共产党的全面领导，深刻领悟'两个确立'的决定性意义，增强'四个意识'、坚定'四个自信'、做到'两个维护'""要深刻认识坚持中国共产党领导是人民政协事业发展进步的根本保证，引导各党派团体和各族各界人士不忘合作初心、继续携手前进，确保在政治立场、政治方向、政治原则、政治道路上同以习近平同志为核心的中共中央保持高度一致。"[②]"新时代加强党对人民政协工作的领导具有崭新的内涵和要求。人民政协工作是党的工作的重要组成部分，巩固党的长期执政地位，推进国家治理体系和治理能力现代化，实现新时代党的历史使命，必须加强党对人民政协工作的领导。要把坚持党的领导贯穿到政协全部工作之中，切实落实党中央

---

① 习近平：《在庆祝中国人民政治协商会议成立65周年大会上的讲话》，《人民日报》2014年9月22日，第2版。

② 王沪宁：《在全国政协十四届一次会议闭幕会上的讲话》（2023年3月11日），《人民日报》2023年3月12日，第4版。

对人民政协工作的各项要求。

第一节 新时代加强党对人民政协领导的重大意义

如何看待在党外人士占多数的政协组织一再强调坚持和加强党的领导？加强党的领导会不会影响、弱化人民政协这一民主实现形式？这是新时代加强党对人民政协工作首先要解决的思想问题。坚持党的领导是当代中国的最高政治原则，伟大的事业必须要靠强有力的党，必须坚持党对一切的领导。党的十九大报告特别强调："党政军民学，东西南北中，党是领导一切的。"①并提出"坚持和加强党的全面领导"的任务，党的十九届三中全会把"形成总揽全局、协调各方的党的领导体系"纳入改革目标。"中国特色社会主义最本质的特征是中国共产党领导，中国特色社会主义制度的最大优势是中国共产党领导。坚持和完善党的领导，是党和国家的根本所在、命脉所在，是全国各族人民的利益所在、幸福所在。"②加强党的集中统一领导，支持人大、政府、政协和监察机关、审判机关、检察机关、人民团体、企事业单位、社会组织履行职能、开展工作、发挥作用，二者是统一的。

一、中国共产党领导是中国特色社会主义最本质的特征

2018年新修订的《中华人民共和国宪法》在总纲的第一条庄严宣布："中华人民共和国是工人阶级领导的、以工农联盟为基础的人民民主专政的社会主义国家。社会主义制度是中华人民共和国的根本制度。中国共产党领导是中国特色社会主义最本质的特征。禁止任何组织或者个人破坏社

---

① 习近平：《决胜全面建成小康社会夺取新时代中国特色社会主义伟大胜利——在中国共产党第十九次全国代表大会上的报告》，人民出版社2017年版，第20页。
② 中共中央文献研究室编：《十八大以来重要文献选编》（下），中央文献出版社2018年版，第355页。

会主义制度。"①以国家根本大法的形式旗帜鲜明地提出了中国共产党领导是中国特色社会主义最本质的特征。党的十八大以来，以习近平同志为核心的党中央对坚持党的领导立场坚定，从根本上扭转党的领导弱化、党的建设缺失、理论认识模糊、全面从严治党不力的状况。

最本质的特征是一个事物区别于其他事物最显著的标志。当前世界上每一个国家都有自己的基本制度和治理体系，实行社会主义制度的国家只占少数，这几个少数国家实行的经济社会体制也有很大的不同。中国与其他国家在理论、道路、制度、文化方面有许多不同的特征，但最本质的区别是中国共产党的领导。中国共产党是中国革命的领导者、中华人民共和国的缔造者、社会主义的探索者和领路者。中国共产党领导中国人民完成了社会主义革命，经过三大改造，确立了社会主义基本制度，进行了改革开放新的伟大实践，成功开创和发展了中国特色社会主义。深入了解中国近代史、中国现代史、中国革命史，我们不难发现，如果没有中国共产党的领导，我们的国家、我们的民族就不可能取得今天这样的成就，也不可能具有今天这样的国际地位。尽管中国特色社会主义、中国共产党领导不断遭受来自西方发达国家的质疑和攻击，但在这条道路上，我们国家快速发展起来，中华民族大踏步赶上时代前进潮流，民族复兴的中国梦展现出前所未有的光明前景。

我国社会主义政治制度优越性的一个突出特点是党总揽全局、协调各方的领导核心作用，形象地说是"众星捧月"，这个"月"就是中国共产党。在国家治理体系的大棋局中，党中央是坐镇中军帐的"帅"，车、马、炮各展其长，一盘棋大局分明。如果中国出现了各自为政、一盘散沙的局面，不仅我们确定的目标不能实现，而且必定会产生灾难性后果。中国共产党的领导与中国特色社会主义道路、理论、制度和文化是一个统一的不可分割的整体。中国的事情要办好的前提是中国共产党的事情要办好，应对和战胜前进道路上的各种风险和挑战，关键在党。坚持党的领导

---

① 《中华人民共和国宪法》，人民出版社2018年版，第7页。

是我国发展的中流砥柱,是发展道路上战胜一切艰难险阻的"定海神针"。古人讲的"六合同风,九州共贯",在当代中国,没有党的领导,这个是做不到的。中国共产党成立以来的历史告诉我们:党不是不会犯错误,但由于坚持领导、方向正确、驾驭得当,有了问题能不断调整、及时纠正、纠偏,所以取得了历史性成就。真正的领导核心都是我们党在应对重大危机与挑战的过程中产生的,严峻复杂的形势和棘手难解的问题迫切需要一个强有力的领导核心来明确思路、凝聚力量,汇集共识,以力挽狂澜、化危为机,通过艰苦卓绝的努力开创伟大事业的新局面。

现在我国改革面临十分复杂的国内国际环境,各种思想观念和利益诉求相互激荡,要从纷繁复杂的事物表面中把握改革脉搏,在众说纷纭中开好改革药方,没有很强的战略定力是不行的。2014年5月9日,习近平总书记在参加河南省兰考县委常委班子专题民主生活会时讲道:"一定要认清,中国最大的国情就是中国共产党的领导。什么是中国特色?这就是中国特色。中国共产党领导的制度是我们自己的,不是从哪里克隆来的,也不是亦步亦趋效仿别人的。无论我们吸收了什么有益的东西,最后都要本土化。十月革命的风吹进来了,但我们党最终也没有成为一个苏联式的党。冷战结束后,苏联解体、东欧剧变,我们仍然走自己的路,所以我们才有今天。实践是检验真理的唯一标准。中国走这条路,建党90多年,新中国成立60多年,改革开放30多年,从一个胜利走向另一个胜利,从一个成功走向另一个成功,还有什么可以动摇我们的信念呢?"[①]加强党对一切工作的领导,这个要求不是空洞的、抽象的,要落实到改革发展稳定、内政外交国防、治党治国治军等各领域、各方面、各环节。哪个领域、哪个方面、哪个环节缺失了弱化了,都会削弱党的力量,损害党和国家的事业。

中国这样一个14亿多人口的发展中大国,发展社会主义民主政治,离不开中国共产党这一坚强领导核心。十八届六中全会确立习近平总书记

---

① 习近平:《中国共产党领导是中国特色社会主义最本质的特征》,《求是》2020年第14期。

为党中央的核心、全党的核心，党和国家各项事业发展有了更强有力的主心骨。特别是在思想引领方面，习近平新时代中国特色社会主义思想是中国特色社会主义理论体系最新成果，是当代中国马克思主义最新发展，得到了全党全军全国人民的高度认同和自觉遵循，成为指导我们进行伟大斗争、建设伟大工程、推进伟大事业、实现伟大梦想的强大思想武器。

新时代党不断强化理论创新以指引社会前进。在战略布局方面，围绕实现"两个一百年"奋斗目标和中华民族伟大复兴中国梦，党的十八大以来的历次中央全会，就全面深化改革、全面依法治国、全面建成小康社会和全面从严治党等做出一系列重大决策部署，形成了中国特色社会主义"五位一体"总体布局和"四个全面"战略布局，始终引领着我国各项事业的发展。在组织领导方面，党中央成立中央国家安全委员会、中央军民融合发展委员会、中央全面深化改革领导小组、中央网络安全和信息化领导小组、中央军委深化国防和军队改革领导小组，习近平总书记亲自担任委员会主席（主任）和领导小组组长，同时担任了中央财经领导小组组长，主持召开一系列重要会议，制定出台一系列文件，加强对党和国家事业全局中重要工作的直接领导和统筹协调。中央政治局常务委员会听取全国人大常委会、国务院、全国政协、最高人民法院、最高人民检察院党组工作汇报，听取中央书记处工作报告，已成为坚持党中央集中统一领导的一项制度安排。

与西方相比较，我国的政治发展道路最鲜明的优势就是坚持中国共产党的领导，形成了包括各民主党派、无党派人士在内的全体人民的共同信念、共同目标、共同行动，在实践中取得了显著成效，能够集中力量办大事，具有强大的组织动员和贯彻执行力。2020年新春伊始，一场猝不及防的新冠肺炎疫情席卷中国，当西方一些国家在幸灾乐祸之时，中国特色社会主义制度的内生力量在抗疫中发挥了无可比拟的重要作用：中国共产党展示出高效的组织动员力、全面的社会整合力、快速的制度执行力和超强的社会号召力。当疫情在世界其他国家蔓延肆虐的时候，中国已经迅速复工复产，在抗疫中的表现让整个世界为之赞叹。中国共产党领导的社会主义制度不仅保持了政局持续稳定、战略规划的连续性，而且实现了跨越式发展。我国的政治发展道路，为人类政治文明发展贡献了中国智慧、提供了中国方案。

二、人民政协事业是党所领导的伟大社会革命的组成部分

2017年2月13日，习近平总书记在中共中央党校省部级主要领导干部学习贯彻党的十八届六中全会精神专题研讨班上，提出了"党必须勇于自我革命"的课题。他说："我在去年底全国政协新年茶话会上讲了发扬将革命进行到底精神的问题，这是有深入考虑的。"[1]党的十八大以来，习近平总书记强调："全党要以自我革命的政治勇气，着力解决党自身存在的突出问题，不断增强党自我净化、自我完善、自我革新、自我提高能力，经受'四大考验'、克服'四种危险'，确保党始终成为中国特色社会主义事业的坚强领导核心。"[2]中国共产党要自我革命，同时要担负起领导人民进行伟大社会革命的历史责任。坚持立党为公、执政为民，深入推进全面从严治党，以敢于刀刃向内的勇气向党内顽瘴痼疾开刀，以一抓到底的钉钉子精神把管党治党要求落实落细，都贯穿着强烈的革命精神，体现了中国共产党自我革命的决心和意志。习近平总书记提出的"两个伟大革命论"是对马克思主义和我们党关于革命论的继承和发展。这个理论既把革命和改革贯通起来，又把社会革命和自我革命贯通起来，是党的又一个重大理论创新。站在新时代新起点，我们党为什么能够始终走在时代前列、成为中国人民和中华民族的主心骨？根本原因在于党始终保持了自我革命精神，保持了承认并改正错误的勇气，一次次拿起手术刀来革除自身的病症，一次次靠自己解决了自身问题。这种能力既是我们党区别于世

---

[1] 中共中央文献研究室编：《十八大以来重要文献选编》(下)，中央文献出版社2018年版，第589页。

[2] 习近平：《在庆祝中国共产党成立95周年大会上的讲话》，《人民日报》2016年7月2日，第3版。

界其他政党的显著标志，也是我们党长盛不衰的重要原因。当前，中国特色社会主义进入了新时代，我们党必须统揽伟大斗争、伟大工程、伟大事业、伟大梦想，究其实质都是围绕党领导人民进行的"伟大社会革命"及这一革命的最终目标——实现共产主义而展开，其中起决定性作用的是党的建设新的伟大工程。

新时代中国特色社会主义是我们党领导人民进行伟大社会革命的成果，也是我们党领导人民进行伟大社会革命的继续。中国特色社会主义是党领导的事业，是亿万中国人民自己的事业。必须坚持发展为了人民、发展依靠人民、发展成果由人民共享的原则，着力增进人民福祉，这是新时代伟大的社会革命的根本出发点和落脚点。习近平总书记深刻指出："在新时代把党的自我革命推向深入，把党建设成为始终走在时代前列、人民衷心拥护、勇于自我革命、经得起各种风浪考验、朝气蓬勃的马克思主义执政党。"[①]人民政协作为中国特色社会主义制度安排，是党领导人民进行伟大社会革命的重要组成部分，政协系统党的建设是全党进行伟大自我革命的重要组成部分。加强政协系统党的建设，关系到人民政协制度优势和我国政治制度整体效能的发挥，关系到坚持和发展中国特色社会主义这场伟大社会革命的进程。

中国是一个多民族的、超大规模的社会，这要求政党制度必须具有强大的社会整合力。共产党是社会整合的中坚力量，各民主党派的合作扩大了社会整合的边界与张力。将新时代坚持和发展中国特色社会主义这场伟大社会革命进行到底，把中国共产党通过自我革命建设得更加坚强有力，这对人民政协坚持党的领导，强化政协党组织在政协工作中的政治领导力、思想引领力、群众组织力、社会号召力，提出了新的更高的要求。人民政协要自觉维护党中央权威和集中统一领导，自觉在思想上政治上行动上同党中央保持高度一致。完善坚持党的领导的体制机制，"提高党把

[①]《全党必须始终不忘初心牢记使命　在新时代把党的自我革命推向深入》，《人民日报》2019年6月26日，第1版。

方向、谋大局、定政策、促改革的能力和定力,确保党始终总揽全局、协调各方"①。中央委员会、中央政治局、中央政治局常委会,这些是党的领导决策核心。党中央做出的决策部署,党的组织、宣传、统战、政法等部门要贯彻落实,人大、政府、政协、法院、检察院的党组织要贯彻落实,事业单位、人民团体等的党组织也要贯彻落实,党组织要发挥作用。各方面党组织应该对党委负责、向党委报告工作。

同时要清醒认识到,人民政协党的建设同新时代新使命新要求还不完全适应,特别是存在思想认识不到位、组织设置不健全、政协特点不突出、党员委员作用发挥不充分等问题,需要从实际出发,切实加以解决。习近平总书记指出:"问题是时代的声音,人心是最大的政治。推进党和国家各项工作,必须坚持问题导向,倾听人民呼声。"②坚持问题导向是马克思主义的鲜明特点,也是贯穿习近平新时代中国特色社会主义思想的鲜明特色。坚持和践行自我革命精神,关键是要有直面问题的勇气和决心。党的自我革命本身就是向着问题去的,讳疾忌医是自我革命的天敌。无论什么时候,问题总是客观存在的,怕就怕对问题熟视无睹、视而不见,结果小问题变成大问题,小管涌演变为大塌方。只有努力在革故鼎新、守正出新中实现自身跨越,才能不断给党和人民事业注入生机活力。加强新时代人民政协党的建设,对于更好地坚持人民政协这一制度安排,坚持和完善中国共产党领导的多党合作和政治协商制度这一新型政党制度,巩固和发展最广泛的爱国统一战线,坚持和巩固中国共产党的领导地位和长期执政地位,不断推进国家治理体系和治理能力现代化,坚持和发展中国特色社会主义,具有重大而深远的意义。

---

① 习近平:《论坚持党对一切工作的领导》,中央文献出版社2019年版,第206页。
② 习近平:《在全国政协新年茶话会上的讲话》(2014年12月31日),《人民日报》2015年1月1日,第2版。

三、加强党的领导是人民政协事业发展进步的根本保证

坚持中国共产党的领导,是人民政协成立时的初心和共识。"抗战胜利后,除了共产党和国民党外,中国还有一些党派是主张走'第三条道路'的,就是学习英美走资本主义道路。是国民党的独裁专政使他们警醒,更是中国人民革命实践教育了他们:只有跟着共产党走,才是唯一正确的选择。"① 人民政协是中国共产党领导的多党合作和政治协商的重要机构,政协党的建设关系政协工作的方向和水平。如果党自身缺乏领导力、组织力、影响力,如何团结带领广大党外人士?党的十八大以来,以习近平同志为核心的党中央高度重视人民政协事业,加强对人民政协工作的全面领导。中共中央先后出台一系列重要文件,对政协工作做出制度性安排。党中央要求各级党委要认真贯彻落实《中共中央关于加强社会主义协商民主建设的意见》,善于运用人民政协这一政治组织和民主形式为实现党的总任务、总目标服务。按照党委统一领导、各方分工负责的原则,统筹制定加强党委和政府工作与政协协商有效衔接的相关制度。建立健全党委常委会会议听取政协党组工作汇报,审议政协常务委员会工作报告和年度协商计划等制度。

加强和改善党对人民政协的领导,其主要内容包括政治领导、思想领导和组织领导。所谓政治领导,是指政治原则、政治方向和重大方针政策的领导,集中体现在党的路线、方针、政策上,即党制定和执行正确的路线、方针、政策,并以此领导和指导人民政协及其工作。所谓思想领导,是指理论观点、思想方法和精神状态的领导,即用科学的思想理论武装政协委员和政协机关干部的头脑,统一思想认识,指导人民政协工作。所谓组织领导,是指通过党的干部、党的各级组织和广大党员,组织和带领广大政协委员和各界人民群众为实现党的任务而奋斗。中国共产党对人民政协的政治领导、思想领导和组织领导是一个有机的整体。其中,政治

---

① 刘佳义:《人民政协制度的"初心"》,《中国政协》2019 年第 7 期。

领导是核心、关键和根本,是用来解决方向和道路问题的。思想领导是基础和灵魂,是用来解决认识问题的。组织领导是途径和保证,是服务于政治领导和思想领导的。同时,党的全面领导意味着在政协工作中的全方位和具体化。

人民政协坚持党的领导是具体的而不是抽象的,集中体现为坚决维护习近平总书记党中央的核心,全党的核心地位,坚决维护党中央权威和集中统一领导,坚持和完善中国共产党领导的多党合作和政治协商制度,坚持和运用好协商民主这一实现党的领导的重要方式,政协党组织团结带领广大委员坚定贯彻执行党的基本理论、基本路线、基本方略。要发挥政协党组及机关党组、专门委员会分党组把方向、管大局、保落实的重要作用,形成上下贯通的组织体系和工作机制,做到人民政协一切重要工作在党的领导下展开,一切重要活动围绕党和国家中心任务进行,一切重要安排在广泛征求意见基础上报党委审批后实施。政协系统党的建设必须落实到强化理论武装、开展履职活动、推进团结合作、健全制度机制、加强队伍建设等方面,体现在人民政协事业发展的全过程。

第二节 新时代加强党对人民政协工作领导的现实举措

党的十八届三中全会提出了"深化党的建设制度改革"的重大命题和任务。2014年8月,中央政治局会议审议通过《深化党的建设制度改革实施方案》,规定了深化党的组织制度、干部人事制度、党的基层组织建设制度、人才发展体制机制四个方面的改革任务,并分解为26项改革举措,明确了责任单位、改革成果形式和时间进度。党的十九大报告指出:"增强依法执政本领,加快形成覆盖党的领导和党的建设各方面的党内法规制度体系,加强和改善对国家政权机关的领导。"[①]党的十九大修订

[①] 习近平:《决胜全面建成小康社会夺取新时代中国特色社会主义伟大胜利——在中国共产党第十九次全国代表大会上的报告》,人民出版社2017年版,第68—69页。

了《中国共产党章程》，加上党的十八大以来修订颁布的《关于新形势下党内政治生活的若干准则》《中国共产党党内监督条例》《中国共产党问责条例》《中国共产党廉洁自律准则》《中国共产党纪律处分条例》等一系列党内重要法规，使党的政治建设、思想建设、组织建设、作风建设、纪律建设和反腐败斗争在制度层面进一步落实。党的十九届三中全会确定深化党和国家机构改革的目标是：构建系统完备、科学规范、运行高效的党和国家机构职能体系，形成党总揽全局、协调各方的领导体系，职责明确、依法行政的政府治理体系，中国特色、世界一流的武装力量体系，联系广泛、服务群众的群团工作体系，推动人大、政府、政协、监察机关、审判机关、检察机关、人民团体、企事业单位、社会组织等在党的统一领导下协调行动、增强合力，全面提高国家治理能力和治理水平。全国政协党组及时学习贯彻中共中央办公厅印发的《关于加强新时代人民政协党的建设工作的若干意见》，提出建立党员委员参加双重组织生活制度等8项重点任务，成立全国政协党的建设工作领导小组，狠抓工作落实。认真贯彻新时代党的建设总要求，健全落实党对人民政协工作领导的组织体系和制度机制，进一步提升了党的组织对政协工作的领导能力，为人民政协更好地担负新时代使命任务提供坚强保证。

一、坚持和加强党对人民政协的领导

习近平总书记强调："统一战线事业是全党的事业，统一战线工作是全党的工作，必须全党重视，大家共同来做。"[①] 人民政协作为统一战线组织，其统战功能需要得到各级党委的高度重视。各级党委要按照中共中央的要求和部署，认真协调好党委、人大、政府、政协及有关方面的关系，切实支持人民政协履行职能、开展工作，努力形成党委重视、政府支持、政协主动、多方配合的良好局面，积极组织并大力推动人民政协的理论研

---

① 中共中央文献研究室：《十八大以来重要文献选编》（中），中央文献出版社2016年版，第562页。

究、宣传和教育等工作,努力创造全党全社会重视和支持人民政协工作的新局面。中共各级党委要把发挥好人民政协专门协商机构的作用作为重大工作任务进行研究部署。坚持党委常委会会议定期听取政协党组工作、政协常务委员会工作情况汇报制度,对政协党组织执行党的路线方针政策等情况进行督促检查,每届召开一次政协工作会议。将地方政协机关列为同级党委统战工作领导小组成员单位,党委统战部部长兼任同级政协党组副书记。从工作实际出发,完善和落实政协组织中的党员领导干部和有关负责同志参加相关会议、阅读相关文件等规定。进一步规范地方政协特别是市县政协职责任务、履职方式等,加强分类指导,增强工作实效。选优配强政协领导班子,重点解决市县政协基础工作薄弱、人员力量薄弱的问题。注重政协机关和党政部门之间的干部交流。党委主要负责同志要参加政协重要会议活动,带头做党的统战政协工作,带头广交深交党外朋友。

各级党委需要从大局的角度,高度认识团结好党外人士共同奋斗的重要性,与党外人士做到肝胆相照、荣辱与共。各级党委对党外人士要在政治上充分信任、工作上支持帮助、生活上关心照顾,真心实意搞好同党外人士的团结合作,努力为他们施展才华、发表意见,提供有利条件、创造良好氛围,充分发挥他们的特长和作用。习近平总书记讲:"统一战线工作做得好不好,要看交到的朋友多不多、合格不合格、够不够铁。……交朋友的面要广,朋友越多越好,特别是要交一些能说心里话的挚友诤友。想交到这样的朋友,不能做快餐,而是要做佛跳墙这样的功夫菜。"①统战工作的经验教训告诉我们:靠利益收买交不到真正的朋友,只有真诚合作、热心奉献才是团结交友之道。要着眼经济社会发展和统一战线内部结构变化,不忘老朋友,结交新朋友,扩大团结面,增强包容性。为打牢思想政治基础、有效凝聚共识做出贡献。有意识地多与民族、宗教界人士交往,在事关中华民族长治久安的民族、宗教等问题上多研究一些具有综

---

① 中共中央文献研究室编:《十八大以来重要文献选编》(中),中央文献出版社2016年版,第562—563页。

合性、战略性、前瞻性的重大问题。健全同党外人士的沟通联络机制，畅通表达渠道，明确政协党组织和政协党员委员的交友责任，深入细致地做思想政治工作，着力解决深层面的思想认识问题，把更多的人团结在党的周围，发挥各界爱国人士的作用，宣传党的统一战线工作方针政策。坚持在"导"上下功夫，导之有方、导之有力、导之有效，积极引导各界人士化解难题、弥合分歧、形成共识。

各级党委要切实把人民政协工作纳入党委总体工作部署和重要议事日程，及时研究并统筹解决人民政协工作中的重大问题。党委和政府负责同志在政协全体会议期间参加讨论、共商国是，在政协常委会会议期间通报情况、听取意见形成制度。不是同级党委常委的地方政协主席或党组书记，可请他们列席党委常委会议和其他有关重要会议。国务院和各级地方政府召开全体会议和有关会议时，可视需要邀请政协有关领导同志列席。党委每届任期内，应适时召开政协工作会议，专门研究部署政协工作。党委应把中央或上一级党委有关人民政协工作的重要指示、决定和意见的贯彻落实情况纳入督查范围，及时进行检查，促进有关政策规定的贯彻落实，并把是否重视人民政协工作、能否发挥好人民政协的作用作为检验领导水平和执政能力的一项重要内容。

进一步充实政协机关建设。把人民政协的机关干部队伍建设、活动经费、机构设置及人员编制等工作纳入党委和政府有关工作的统一规划，统筹政协领导班子和同级党政领导班子配备，把政治坚定、作风民主、年富力强、热心和熟悉政协工作的同志充实到政协领导班子中去；推进政协机关和党委、政府之间的干部交流，努力培养造就一支政治坚定、作风优良、学识丰富、业务熟练的高素质政协干部队伍。

二、发挥政协党组在政协组织中的领导作用

政协党组是党在政协组织中设立的领导机构，要在政协工作中发挥把方向、管大局、保落实的领导作用。加强和改善党对人民政协的领导，

必须发挥政协党组在政协组织中的领导作用。政协党组要认真贯彻新时代党的建设总要求,落实《关于加强新时代人民政协党的建设工作的若干意见》,以党的政治建设为统领推进政协党的各项建设。各级政协党组要坚定不移地贯彻党的基本理论、基本路线、基本纲领、基本要求,坚定不移地贯彻执行党关于人民政协的方针政策,把党的重大决策和工作部署贯彻到人民政协全部工作中去,扎扎实实地完成党所赋予的各项任务,肩负起实现党对人民政协领导的政治责任,确保党中央大政方针和决策部署的贯彻落实。

对党的路线方针政策、重大决策和工作部署,各级政协党组要认真研究、积极落实。加强党的创新理论武装,把牢正确政治方向,健全以党组理论学习中心组学习为引领的学习制度体系。政协十三届全国委员会坚持用习近平新时代中国特色社会主义思想教育引导政协委员,落实习近平新时代中国特色社会主义思想学习座谈会制度,"成立11个全国政协党组成员牵头的学习小组,按计划、分专题开展45次学习研讨。完善以党组理论学习中心组学习为引领的学习制度体系,推进理论学习常态化机制化,全年举办各类学习活动79场次,培训1.5万人次。把学习习近平新时代中国特色社会主义思想,同学习中共党史、新中国史和统一战线历史、人民政协历史结合起来,同发挥视察调研、协商议政等活动的思想政治引领作用结合起来,切实增进对中国共产党领导的政治优势和中国特色社会主义制度优势的理解和把握,巩固共同思想政治基础"[①]。政协党组要紧跟时代步伐,以坚强的政治影响力和组织引领力推进人民政协理论创新、制度创新、工作创新。

新时代政协党组要把主要精力放在抓方向、议大事、管全局上,认真研究政协工作中具有全局性、方向性、前瞻性的重要问题,健全政协重大工作向同级党委报告制度。政协机关和政协委员之间不存在直接的领导

---

① 汪洋:《中国人民政治协商会议全国委员会常务委员会工作报告——在政协第十三届全国委员会第三次会议上》,《人民日报》2020年5月28日,第3版。

和被领导的关系，但有一个谁影响谁的问题。政协党组要始终善于通过会议活动，在协商讨论、交换意见中宣传党的主张，做说服引导工作，使党的主张成为各民主党派和无党派人士、各人民团体和各族各界人士的广泛共识，团结人民政协各参加单位和广大政协委员为实现党提出的共同目标和任务而奋斗。要加强各级政协党组、机关党组、专门委员会分党组建设，强化基层党组织政治功能。形成上下贯通的组织体系，实现党的组织对党员委员的全覆盖、党的工作对政协委员的全覆盖。巩固"不忘初心、牢记使命"主题教育成果，推进"两学一做"学习教育常态化制度化。严格执行中央八项规定及其实施细则精神，坚决反对形式主义、官僚主义。落实政协党组按程序对拟继续提名的政协委员人选提出意见的责任。专门委员会分党组成员不在原单位任职后，组织关系应转入政协专门委员会党组织。推进政协机关党的建设，着力深化理论武装，着力夯实基层基础，着力推进正风肃纪，全面提高党的建设质量，努力建设模范机关。

政协党组要着眼于统一战线和人民政协事业的长远发展，按照党委统一部署和政协章程的规定，配合党委有关部门研究换届时有关界别设置、政协委员名额、人选和常务委员人选以及届中委员调整的有关问题并提出建议；协助党委完善政协委员遴选机制，建立完善符合政协特色的政协委员管理办法，认真抓好委员队伍的服务和管理工作；配合党委有关部门认真研究专门委员会的设置及其负责人的安排等事宜，认真做好政协机关干部队伍建设工作，为政协履行职能、开展工作提供有力的组织保障。认真履行全面从严治党主体责任。加强对政协党建工作的引领包括加强对政协委员中共产党员的管理，加强对机关党组织工作的指导，支持纪检监察机构履行监督责任，等等。加强党组自身建设，实行集体领导执行民主集中制，严守政治纪律。

三、发挥党员委员先锋模范作用

在 2018 年 6 月召开的全国政协系统党的建设工作座谈会上，汪洋主席指出,目前各级政协在坚持党的领导、加强和改进党的建设中取得不少成绩,但也存在一些问题,其中之一就是"党员委员作用不到位"。政协作为专门协商机构,党外人士占60%以上,要扛起新时代的使命担当,就要紧紧依靠政协的党组织、充分发挥党员委员的先锋模范作用,强化党员委员做好党的统战工作和群众工作的责任。政协组织中的共产党员只有真正成为合作共事的模范、发扬民主的模范、联系群众的模范、求真务实的模范、廉洁奉公的模范,才能树立威信,团结党外人士,发挥在政治引领、发扬民主、凝聚共识等方面的作用,实现党对人民政协的领导。

中共党员委员在履职中要强化党的意识、党员意识,时刻牢记自己的第一身份是共产党员,第一职责是为党做好凝心聚力的工作,切实担负起新的政治使命。牢固树立"四个意识",坚定"四个自信",坚决维护习近平总书记的核心地位,坚决维护党中央权威和集中统一领导。中共党员委员要带头深入学习党的创新理论,把学习习近平新时代中国特色社会主义思想和习近平总书记关于加强和改进人民政协工作的重要思想作为理论武装的重中之重,在学懂弄通做实上下功夫,先学一步,学深一层,带头学出觉悟、学出信仰、学出担当,将学习成果真正转化为新时代人民政协履职成效。把对党忠诚、为党分忧、为党尽职、为民造福作为根本政治担当,强化为党做好政协工作的使命感和责任感。

发挥中共党员委员的先锋模范作用,仅靠个人的学习和觉悟是不够的,还要采取有效的组织措施,完善组织机制是中共党员委员经常性作用发挥的重要前提。习近平总书记强调,"党的力量来自组织","要以提升组织力为重点,突出政治功能,健全基层组织"。汪洋主席在全国政协系统党的建设工作座谈会上要求,要进一步明确各类党组织之间的关系,厘清各自职责定位,形成上下衔接、立体覆盖、各尽其责、无缝对接的组织网络,"做到哪里有党员哪里就有党的组织"。对北京市政协来说,在这方面已经有一些具体的成功经验。在十三届一次市政协全会期间,首次打破按界别分组的惯例,在每个委员小组设立临时党支部,丰富了市政协党建工作体系。实现了全会期间中央和市委的要求,由临时党委到临时党支部、临时党支部到全体党员、由党员到委员的一级传递一级,层层落实,充分发挥了中共党员委员的政治引领作用,推动了中央和市委有关决策部署在全会期间的贯彻落实。[①] 宜昌市政协在实行"市政协党组—机关党组—机关党委—党支部"的机关党建多层管理基础上,探索推行"市政协党组—专委会中共党员委员活动小组—中共党员委员"的系统党建线性管理模式,将党建延伸到政协组织全方位。把394名市政协委员全部安排参加专委会,28个界别整体编入7个专委会,实现专委会对所有界别、全体委员的全覆盖、相对应。以专委会为依托,建立7个中共党员委员活动小组,组长由专委会主任兼任,副组长由专委会副主任和一名政治素质过硬、履职能力较强的中共党员委员兼任,并赋予6项具体职责。依托多层和线性并行的组织机制,切实把政治建设放在首位,建立起例会常学、小组研学、网络助学"三学一体"理论学习新模式,强化思想理论武装,全面凝聚思想政治共识。还出台了37项制度形成5项体系,实现了坚持党的领导、发挥中共党员委员作用的制度化、规范化、程序化。积极搭建新的活动平台,把中共党员委员作用落到日常。[②] 这些地方政协的成功探索将政协系统党的建设与发挥中共党员委员作用有机联系起来,有力地彰显了中共党组织的引领功能。

党的作风建设是人民政协党的建设的关键。政协组织中的共产党员要模范地执行党的路线方针政策,遵守党的政治纪律和政治规矩,在大是大非面前旗帜鲜明、亮明态度,不能被错误言论左右,在政协活动中决不允许发表任何与党中央大政方针相违背的言论。要严格贯彻落实中央八项规定及其实施细则精神,坚决反对形式主义、官僚主义、享乐主义和奢靡之风。政协组织中的党员领导干部和党员委员要自身正、自身净、自身硬,弘扬党的统战工作的优良传统作风,在同党外人士打交道时,相互尊

[①] 牟晓春:《充分发挥中共党员委员先锋模范作用》,《北京观察》2018年第11期。

[②] 宋文豹:《发挥中共党员委员经常性作用新机制》,《中国政协》2019年第2期。

重、平等待人,以民主的作风、良好的形象团结人、影响人,决不能居高临下、颐指气使。坚持求真务实、真抓实干的精神,转作风、提效能、做表率,以共产党员的模范行动影响和带动广大委员守纪律、讲规矩、重品行。

对如何评价党员发挥先锋模范作用,武汉市政协理直气壮地提出了一条标准,就是"要在工作中让大家一眼就能看出你是一名中共党员。如在围绕中心,为发展大事要务建言献策方面,着眼武汉市党代会提出的规划建设长江新城的战略,市政协党组组建由专家委员为主体、党员委员为骨干的调研论证专班,围绕长江新城规划选址课题,深入基层、实地调研,广集智慧、凝聚共识,在论证攻关时刻,党员委员加班加点吃住在办公室,废寝忘食工作。政协的论证报告获市委常委会肯定和采纳,为长江新城选址决策提供依据"①。政协组织中的党员领导干部和党员委员只有吃苦在前、奉献在前、牺牲在前,才能用自己的行动引领和带动党外人士,夯实团结奋斗的思想基础。

2020年10月29日,中国共产党第十九届中央委员会第五次全体会议公报再次强调:"实现'十四五'规划和二〇三五年远景目标,必须坚持党的全面领导,充分调动一切积极因素,广泛团结一切可以团结的力量,形成推动发展的强大合力。"②新时代人民政协的发展也要进一步形成加强和改进工作的合力。纪检监察机关和组织、宣传、统战等部门,要在政协党的建设、委员队伍建设、干部队伍建设、新闻宣传等方面提供支持和保障。政府及其有关部门要密切同政协及其专门委员会的沟通协作,积极参加政协协商活动,并在知情明政、转化履职成果等方面提供支持和帮助。加强人民政协理论研究宣传,把人民政协理论纳入各级党校(行政学院)、社会主义学院等教学内容,努力营造全社会支持人民政协工作的良

---

① 胡曙光:《发挥党员委员先锋模范作用》,《人民政协报》2018年7月4日,第8版。
② 《中共中央关于制定国民经济和社会发展第十四个五年规划和二〇三五年远景目标的建议》,《人民日报》2020年11月4日,第1版。

好氛围。

党的二十大报告强调，要"加强党的政治建设，严明政治纪律和政治规矩，落实各级党委（党组）主体责任，提高各级党组织和党员干部政治判断力、政治领悟力、政治执行力。坚持科学执政、民主执政、依法执政，贯彻民主集中制，创新和改进领导方式，提高党把方向、谋大局、定政策、促改革能力，调动各方面积极性。增强党内政治生活政治性、时代性、原则性、战斗性，用好批评和自我批评武器，持续净化党内政治生态"[①]。新时代新征程对于党的领导提出了更高的要求，人民政协党的建设也要与时俱进融入党和国家的发展大局。目前，党的组织和党的工作正在覆盖到政协活动的方方面面，各级政协组织中的中共政协委员更要从锤炼党性出发，做到学思用贯通，强化政治责任，更好发挥先锋模范作用。同时，人民政协是民主协商的平台，是各界人士、各种意见沟通、交流的平台。在政协，要允许不同意见之间的讨论，倡导和而不同。中共党员委员要切实增强民主意识，学会尊重和倾听各种不同意见，学会同各界委员讨论和沟通，更要学会运用民主的方式宣传和说明党的主张，发挥引导作用。党员委员作风优良，党对政协委员和社会各界人士就有感召力和向心力，统战工作就会富有成效，就能够为党的事业发挥凝心聚力的作用。

---

① 《中国共产党第二十次全国代表大会文件汇编》，人民出版社2022年版，第54—55页。

主要参考文献

著作

［1］习近平谈治国理政：第1-4卷 [M]. 外文出版社，2014-2022.

［2］习近平关于全面深化改革论述摘编 [M]. 中央文献出版社，2014.

［3］习近平关于社会主义政治建设论述摘编 [M]. 中央文献出版社，2017.

［4］习近平. 论坚持党对一切工作的领导 [M]. 中央文献出版社，2019.

［5］中共中央文献研究室. 十八大以来重要文献选编：上、中、下 [M]. 中央文献出版社，2016.

［6］习近平. 论坚持党对一切工作的领导 [M]. 中央文献出版社，2019.

［7］卞晋平. 亲历政协30年 [M]. 中国文史出版社，2019.

［8］刘佳义. 协商民主理论演讲录 [M]. 中国文史出版社，2017.

［9］政协全国委员会办公厅，中共中央文献研究室. 人民政协重要文献选编：上、中、下 [M]. 中央文献出版社、中央文史出版社，2009.

［10］中共中央统战部. 伟大的政治创造——中国新型政党制度 [M]. 华文出版社，2022.

［11］政协全国委员会办公厅. 开国盛典：中华人民共和国诞生重要文献汇编 [M]. 中国文史出版社，2009.

［12］中国人民政治协商会议全国委员会研究室，中共中央文献研究室第四编研部. 老一代革命家论人民政协 [M]. 中央文献出版社，1997.

［13］周恩来统一战线文选 [M]. 人民出版社，1984.

［14］中央统战部研究室. 统一战线100个由来 [M]. 华文出版社，2010.

［15］中央社会主义学院，楼志豪，朱晓明. 中共中央关于进一步加强中国共产党领导的多党合作和政治协商制度建设的意见专题讲座 [M]. 华文出版

社，2005.

［16］中国共产党统一战线工作条例[M].华文出版社，2021.

［17］中共中央文献研究室.中华人民共和国开国文选[M].中央文献出版社，1999.

［18］中共中央文件选编[M].中共中央党校出版社，1994.

［19］中共中央文献研究室.十六大以来重要文献选编[M].中央文献出版社，2008.

［20］李洪峰.周恩来：永远的榜样[M].人民出版社，2018.

［21］杨建新等.五星红旗从这里升起[M].文史资料出版社，1984.

［22］胡筱秀.人民政协制度功能变迁研究[M].上海人民出版社，2010.

［23］张平夫，陈煦主编.人民政协理论体系初探[M].中央文献出版社，2016.

［24］本书编写组.中共中央在延安：一个马克思主义政党的崛起（1936—1948年）[M].人民出版社、研究出版社，2019.

［25］孙春兰.大道——多党合作历史记忆和时代心声[M].团结出版社，2017.

［26］林尚立.中国共产党与人民政协[M].东方出版中心，2011.

［27］政协全国委员会办公厅.大道同行——从五一口号到协商建国重要史事回顾[M].中国文史出版社，2019.

［28］全国政协文化文史和学习委员会.人民政协成立70周年纪事[M].中国文史出版社，2019.

［29］董伟.诞生——共和国孕育的十个月[M].东方出版社，2019.

［30］本书编写组.人民政协提案工作70年[M].党建读物出版社，2020.

［31］全国政协提案委员会.100件有影响力重要提案的故事[M].中国文史出版社，2020.

［32］柴尚金.政党与民主新论[M].中国民主法制出版社，2018.

［33］黄天柱.当代中国的民主党派：以政策过程为视角[M].上海人民出

版社，2020.

中央文件、规章制度

［1］中共中央关于全面深化改革若干重大问题的决定 [Z]. 2013.

［2］中共中央关于加强社会主义协商民主建设的意见 [Z]. 2015.

［3］关于加强人民政协协商民主建设的实施意见 [Z]. 2015.

［4］政协全国委员会专题协商会工作办法 [Z]. 2015.

［5］关于加强和改进人民政协民主监督工作的意见 [Z]. 2017.

［6］中国人民政治协商会议全国委员会双周协商座谈会工作规则 [Z]. 2017.

［7］中国人民政治协商会议章程 [Z]. 2018.

［8］关于加强新时代人民政协党的建设工作的若干意见 [Z]. 2018.

［9］中国人民政治协商会议全国委员会提案工作条例 [Z]. 2018.

［10］政协全国委员会提案委员会关于提高提案质量的意见 [Z]. 2018.

［11］中国人民政治协商会议全国委员会委员视察考察工作条例 [Z]. 2018.

［12］全国政协加强和改进调研工作实施办法 [Z]. 2018.

［13］中国人民政治协商会议全国委员会反映社情民意信息工作条例 [Z]. 2018.

［14］中共中央关于坚持和完善中国特色社会主义制度　推进国家治理体系和治理能力现代化若干重大问题的决定 [Z]. 2019.

［15］全国政协关于进一步提高协商议政质量的意见（试行）[Z]. 2019.

［16］全国政协协商议政质量评价工作办法（试行）[Z]. 2019.

［17］关于加强和促进人民政协凝聚共识工作的意见 [Z]. 2020.